KB202770

교회에 스며드는 칼뱅 혐오 바이러스

칼뱅이 제네바의 학살자였다는
신천지 측 주장에 대한 답변

디지털 세상 건강한 신앙의 바로미터
기독교포털뉴스

교회에 스며드는 칼뱅 혐오 바이러스

- 칼뱅이 제네바의 학살자였다는 신천지 측 주장에 대한 답변

발행일	초판 1쇄 2021년 10월 29일
저 자	정윤석
교 정	명은심(esbright@naver.com)
디자인	최주호(makesoul2@naver.com)
총 판	하늘유통(031-947-7777)
펴낸곳	기독교포털뉴스(www.kportalnews.co.kr)
신고번호	제 377-25100-2011000060호(2011년 10월 6일)
주 소	우 16518 경기도 수원시 영통구 중부대로 335 삼부리치안 1동 806호(원천동)
전 화	010-4879-8651

가 격	7,000원
이메일	unique44@naver.com
홈페이지	www.kportalnews.co.kr

ISBN   979-11-90229-14-2 93230

기포스 변증 시리즈 1

정윤석 지음

교회에 스며드는
칼뱅혐오
바이러스

칼뱅이 제네바의 학살자였다는 신천지 측 주장에 대한 답변

디지털 세상 건강한 신앙의 바로미터
기독교포털뉴스

차례

추천사

권남궤 목사(동일 이단대책연구소장)

제가 아는 정윤석 목사는 이단 사역의 현장에서 날카로운 분석으로 칼뱅의 고백처럼 '신실하게' 헌신하는 하나님의 사람입니다. 그분에 대한 신뢰가 이 책을 단숨에 읽게 만드는 동기가 되기도 했지만 저 역시 신천지에서 듣고 가르쳤던 칼뱅에 대한 수많은 오해의 진실을 확인하기 위해 여러 책을 찾고 확인해 보았습니다. 그러나 본서만큼 명확한 근거를 가지고 논리적으로 기술한 책은 없었습니다. 본서는 칼뱅에 대해 오해하고 있는 분들이나 관심이 있는 분들에게 강력하게 추천하고 싶습니다. 특히 신천지인들의 칼뱅에 대한 오해를 풀어주는 반증 책자로 활용된다면 더없이 유익한 치료 백신이 될 것입니다.

신현욱 목사(한국기독교이단상담소협회 구리 이단상담소장)

신천지 신도들이 기정사실로 믿고 있는 '칼뱅 살인마' 주장은 신천지교리 반증에 빼놓을 수 없는 중요한 주제입니다. 꼼꼼하고도 간결하게 잘 정리된 본서는 신천지 상담 현장에서 탁월한 치료제가 될 것이고, 나아가 모든 한국교회 성도들이 접종받아야 할 예방 백신이라고 확신하여, 성도들과 목회자들의 필독을 적극 권합니다.

안상혁 교수(합동신학대학원대학교 역사신학)

저자 정윤석 목사님은 한국교회의 이단대처 사역에 귀하게 헌신하는 분입니다. 이미 16세기부터 종교개혁의 반대자들은 루터와 칼뱅과 같은 종교개혁의 지도자들을 음해하는 흑색선전을 널리 퍼뜨렸습니다. 이러한 왜곡된 몇몇 자료를 이용하여 오늘날 칼뱅과 제네바 종교개혁을 정당한 검증 없이 매도하는 이들이 있습니다. 근래에 와서는 신천지가 이에 적극적이라는 사실이 확인되었습니다.

『교회에 스며드는 칼뱅 혐오 바이러스』는 '칼뱅 혐오 바이러스'를 퇴치하는 일종의 효과 좋은 백신과도 같습니다. 특히 역사적 사실에 근거한 정당한 평가에 관심이 있는 분들에게 『교회에 스며드는 칼뱅 혐오 바이러스』는 적지 않은 도움이 될 것입니다. 본서는 오랜 세월 기독교 언론사에서 일하면서 정확한 근거를 가지고 각종 오류와 싸워온 저자의 경험과 탐구력이 낳은 또 하나의 귀한 열매입니다. 아무쪼록 『교회에 스며드는 칼뱅 혐오 바이러스』를 통해 한국교회가 칼빈과 제네바 종교개혁에 새롭게 관심을 갖고 올바르게 이해하는 계기가 되길 소원합니다.

양형주 목사(바이블백신센터 원장, 대전도안교회 담임)

이단 사이비의 선동은 한 문장으로 가능하지만 그것을 반박하려면 수십 장의 문서와 증거가 필요합니다. 신천지는 위대한 종교개혁자 칼뱅을 살인자로 몰아가기 위해 역사를 날조하여 거짓 선동에 열을 올려왔습니다. 누군가 진작에 나서서 내놓았어야 할 정직한 답변이 이제서야 나왔습니다. 착하고 집요한 정윤석 기자가 철저한 교회사적 고증과 자료를 동원하

  - 칼뱅이 제네바의 학살자였다는 신천지 측 주장에 대한 답변

여 신천지의 선동을 명쾌하게 반증했습니다. 칼뱅 혐오 뉴스에 대한 정직한 답변을 기다리던 성도들의 일독을 권합니다.

유영권 목사(예장 합신 이단사이비대책위원장)

칼뱅은 기독교의 정신과 가르침을 가장 잘 정리하여 신앙의 후손들에게 남긴 신학자입니다. 칼뱅을 기독교의 신학과 신앙의 교사로 말하는 것을 주저하지 않는 이유입니다. 이 때문에 교회와 기독교를 부수고, 파괴하고자 하는 자들은 칼뱅에 대한 자료를 조작하고, 왜곡 시켜 성도들로 하여금 어떻게 해서라도 칼뱅을 부정하게 하고, 칼뱅의 가르침을 부정하게 만듦으로 신앙을 흔들어 미혹합니다. 이러한 때에 정윤석 목사를 통해 관련된 내용의 진의를 알 수 있는 저서가 출판된 것은 교회와 성도에게 아주 큰 복입니다. 모든 성도들이 꼭 읽으시기를 간곡히 추천합니다.

진용식 목사(한국기독교이단상담소협회 대표회장)

종교개혁자 칼뱅을 학살자요 살인마처럼 매도하는 이유는 기독교 자체를 악마화하기 위해서입니다. 칼뱅을 학살자로 만들어야 기독교를 혐오의 대상으로 만들 수 있습니다. 그래야 신천지를 다니는 사람들이 스스로 자부심을 갖고 자신들을 이단시하는 기성교단의 목소리를 철저히 무시할 수 있기 때문입니다.

결국 칼뱅 학살자설을 받아들인 신천지 교인들은 설령 신천지가 잘못됐다는 것을 알고도 교회로 돌아갈 수가 없게 됩니다. 학살자가 세운 곳이라 착각하게 됐으니 이 문제가 해결되지 않는 한 누가 교회로 돌아가고 싶은 마음이 들겠습니까.

그런 점에서 정윤석 목사의 이 책은 신천지를 통해 퍼져가는 '칼뱅 학살자설'에 대한 반론이 될 뿐 아니라 이단사이비에 빠져 왜곡된 사실을 진실이라고 착각하는 사람들의 오해를 풀어주고 교회 공동체의 일원이 되도록 이끌어 주는 매우 귀한 역할을 하게 될 것이라 믿습니다. 신천지 이단상담가들과 신천지 대처를 하는 목회자들, 이단피해자들에게 필독서라고 생각되어 적극 추천합니다.

탁지일 교수(부산 장신대, 현대종교 이사장)

신천지는 거짓말 천지입니다. 모략이란 이름으로 거짓말을 합리화해 가정과 교회를 파괴하고, 코로나19 방역 방해 논란으로 사회적 불신의 대명사가 되었습니다. 신천지는 한국교회를 공격하고 자신들의 존재감을 드러내기 위해, 칼뱅 혐오를 조장하며 개혁주의 신앙을 왜곡하고 있습니다. 정윤석 기자는 저널리즘과 역사신학을 기반으로, 신천지 주장의 오류와 편견의 민낯을 보여줬습니다.

들어가는 말

'칼뱅 혐오'가 그치지 않고 있다. 국내 최대 포털 사이트 '네이버'에 '칼뱅'[1]이란 단어를 치면 어떤 글이 뜰까? "살인자 장 칼뱅"이라는 섬뜩한 제목들이 적잖이 눈에 띈다. 블로그, 카페는 물론 언론사의 글 중에도 유사한 내용들이 등장한다.[2] 전 국민의 90%가 이용한다는 유튜브에서도 발견된다. 칼뱅 관련 최대 조회 수를 기록한 영상은 건강한 신앙과 신학을 설명한 영상이 아니다. "기독교인이 알면 까무러칠 영상(John

---

1) 국어사전에 '칼뱅' 표기가 원칙이다. 본 저서에서는 칼뱅으로 표기하나 인용한 원문에 '칼빈'으로 돼 있을 경우에 한해 '칼빈'으로 표기했다.

2) 엄기남, "칼빈 탄생 500주년, 위대한 신학자·살인자 논란", 오마이뉴스, 2009.06.16. http://www.ohmynews.com/NWS_Web/View/at_pg.aspx-?CNTN_CD=A0001157607
이철희, "(책갈피 속의 오늘)1553년 개신교 첫 '종교적 살인'", 2009.09.24. https://www.donga.com/news/article/all/20080813/8616179/1

- 칼뱅이 제네바의 학살자였다는 신천지 측 주장에 대한 답변

Calvin Killer)"이라는 제목으로 칼뱅이 제네바에서 58명의 살인을 집행한 악마처럼 그려낸 영상이다.[3] 이 영상은 330만 여 명이 시청했다.

그런데 이런 내용이 한국사회 최대 이단·사이비 단체인 신천지에 의해 확대 재생산되고 있다. 신천지 측은 유튜브 공식 채널 "신천지, 칼빈 장로교의 씨"라는 제목의 영상에서 칼뱅이 제네바의 살인마라는 내용을 언급하고 있다.[4] 신천지는 이를 단편 드라마로 제작해서 배포하기까지 했다. "예수교와 칼빈교, 그 진실은 무엇인가?"라는 제목의 영상에서 그들은 칼뱅이 제네바에서 온갖 고문으로 시민들을 학살한 것처럼 비난한다.[5] 칼뱅이 죽인 수가 공식적으로는 58명이고 확인되지 않은 수는 상상할 수 없다고 한다. 신천지 측 신문인 '천지일

3) 아이선배, "기독교인이 알면 까무러칠 영상", 2009.06.13. https://www.youtube.com/watch?v=mnI_CX4vNx4
4) 신천지예수교증거장막성전, "신천지, 칼빈 장로교의 씨". 2018.03.26. https://www.youtube.com/watch?v=HukjnbESZYY&t=12s.
5) HMBC, "예수교와 칼빈교, 그 진실은 무엇인가?", 2012. 08.06. https://www.youtube.com/watch?v=0kOaFq0DGM0

보'에는 "마녀 사냥꾼 칼빈이 낳은 장로교, 제네바 살인 한국서도 재현"이란 자극적인 제목으로 칼뱅을 혐오하고 비난하는 기사를 올려놓았다.[6]

칼뱅 혐오의 자료와 목소리는 높아지는데, 정작 이에 대한 반증 영상이나 글들은 찾아보기가 어려운 실정이다. 과연 칼뱅은 살인자일까? 아니면 출처불명의 자료들로 음해하는 가짜 뉴스일까? 필자는 다양한 자료를 통해 '칼뱅 제네바의 독재자·살인마' 주장을 반박하고자 한다. 이를 통해 한국교회에 바이러스처럼 퍼져가는 '칼뱅 혐오'가 조금이라도 제동이 걸렸으면 좋겠다.

"나치의 선전장관이자 역사상 가장 유능했던 선동가로 알려진 파울 요제프 괴벨스(1897~1945)는 다음과 같은 말을 했다고 한다. '선동은 한 문장으로도 가능하지만, 그것을 반박하려면 수십 장의 문서와 증거가 필요하다. 그리고 그것을 반박하

---

6) 이지솔, [기획-기독교역사⑤장로교], 천지일보, 2020.03.01. http://www.newscj.com/news/articleView.html?idxno=713482.

려고 할 때에는 사람들은 이미 선동되어 있다.'"[7)]

　이미 '칼뱅 제네바의 학살자'라는 혐오 뉴스는 대중의 마음에 깊이 각인됐을 가능성이 높다. 사실을 믿고 받아들이기보다 '보고 싶은 것을 보고, 믿고 싶은 것을 믿는'게 사람의 본성이다. 어떤 반론을 해도 자신이 믿고 있는 것을 합리화하기 위해 방어막을 치고 진실한 사실보다는 혐오와 반감을 부추기는 정보를 자신의 신념으로까지 구축한 상태일 가능성도 높다. 그럼에도 이 글을 쓰는 이유는 칼뱅이 살인자라는, 그리고 종교의 자유를 억압했던 민주주의와 자유의 대적자이자 독재자라는 선동에 사로잡혀 그의 신학사상을 바탕으로 세운 장로교에 심각한 거부감을 갖고 있는 사람들의 오해가 조금이라도 불식되길 바라는 마음에서다. 또한 이런 선동에 동요할 수도 있는, 아직 칼뱅에 대해 잘 모르는, 그러나 반드시 알게 될 다음 세대를 위해서 꼭 필요한 작업이라 생각해서이다. 칼뱅이 제네바의 학살자가 아니라는 이미 역사적으로 합의된 사실에 대해 다시 반증하고 반론을 펼쳐야 하는 수고가 앞으로는 반

7) 정요한, 『칼뱅은 정말 제네바의 학살자인가?』, (서울: 세움북스) 2018, p.6.

복되지 않았으면 좋겠다.

이 책자는 합동신학대학원대학교 역사신학 석사과정(안상혁 지도교수) 2학기 과제로 제출한 소논문을 수정·보완한 것이다.

칼뱅 혐오 뉴스
확대 재생산하는 신천지

칼뱅 혐오 뉴스
확대 재생산하는 신천지

칼뱅이 제네바의 학살자라는 내용은 신천지 측 신문인 천지일보, 신천지예수교증거장막성전의 유튜브 공식 채널, 신천지 관련 채널 HMBC에 지속적으로 올라갔다. 차례로 살펴보겠다.

1. 천지일보

신천지 신도가 발행·편집인으로 있는 천지일보 2020년 3월 1일 자에 기사가 하나 올라갔다. 제목은 "'마녀 사냥꾼' 칼빈이 낳은 장로교, 제네바 '살인' 한국서도 재현"이다. 화형당하는 사람의 그림을 기사 가장 상단에 올리고 출처를 '위키백과'라고 밝힌 사진 설명을 달았다. 내용은 다음과 같았다.

"'절대예정론'을 주장했던 칼빈은 당시 스위스 제네바에서 종교국을 장악, 막강한 정치권력을 등에 업고 가톨릭을 능가하는 잔인한 종교재판과 마녀사냥을 자행했다. 그는 자신이 정한 교리에 동조하지 않으면 '이단'으로 몰아 사형시켰다."[1]

"역사적으로 보면 칼빈은 (중략) 혹독한 정치와 이단 정죄로 국민의 자유를 억압하고, 20여 년 동안 독재 권력을 휘둘렀던 것으로 악명이 높았다. 한 예로 칼빈은 자신의 교리를 믿지 않던 수많은 사람을 '마녀'라는 죄목으로 화형 시켜 죽이는 등 잔혹한 고문과 처형을 일삼았다." "제네바에서 칼빈이 사형시킨 공식 사형 인원만 해도 58명이며 추방한 인원도 76명", "『유럽의 마녀사냥』의 저자 브라이언 레벡(Brian P. Levack)에 의하면 '칼빈 사상이 지배하던 스위스에서는 8,800명 이상의 여성이 마녀로 재판을 받고 5,000명 이상이 처형됐다'고 기록하고 있

---

1) 이지솔의 2021.03.01. 천지일보 기사.

다"고 기사화했다.

계속해서 이지솔은 "한국교계는 칼뱅을 대단한 신학자라고 평가하지만 세계적으로 우리나라에서만 나타나는 예외적 현상이다", "후대 기독교역사철학자들은 그를 '최악의 기독교인'이라 평가하고

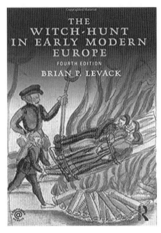

브라이언 르박의 『유럽의 마녀사냥』

있다. 시대가 흐를수록 후자가 설득력을 얻고 있다"고 썼다.[2]

2. 신천지예수교증거장막성전(신천지의 공식 유튜브 채널)

"신천지, 칼빈 장로교의 씨"라는 제목의 영상에서 "칼빈은 제네바에서 권세를 잡은 후 자기의 교리를 믿지 않는 자들을 학살했고 아이들까지 죽였다고 역사는 말하고 있다. 이것이

---

2) 이지솔의 2021.03.01. 천지일보 기사.

　- 칼뱅이 제네바의 학살자였다는 신천지 측 주장에 대한 답변

강제 개종 살인교이다"[3] 라고 맹비난을 했다.

3. HMBC(신천지 측 단막극 드라마 등을 제작해서 송출하는 유튜브 채널)

　신천지 측은 2017년 1월 23일 HMBC에 30분짜리 단편드라마 "예수교와 칼빈교, 그 진실은 무엇인가?"를 올렸다. 6분경부터 칼뱅이 저지른 일이라며 끔찍한 영상과 자막을 깔아서 방영했다. 내용은 천지일보의 이지솔의 기사와 유사하다. 하지만 영상과 그림으로 칼뱅의 만행을 그려서 보여줬다는 점에서 더 자극적이다(그림 1 참고). 내용은 "칼빈-스위스 제네바 종교국 장악 통치(4년간) 장로교리와 장로교를 창시한 자", "예정론 반박 꼬챙이로 창자를 찔러 죽임", "세례주기 거부 여섯 아이와 어머니와 그 할머니 죽임", "서로 다퉜다며 가죽을 벗겨 죽임", "임산부 죽임", "제네바에서 공식적 58명 죽였고 비공개된 수는 상상할 수 없다", "제네바의 살인자 칼빈, 그의 행

---

3) HMBC. "예수교와 칼빈교, 그 진실은 무엇인가?", 2012. 08.06. https://www.youtube.com/watch?v=0kOaFq0DGM0

위는 하나님께서 명하셨기 때문이라 한다", "장로교는 2천 년 전 예수님의 말씀을 가르치지 않고 5백 년에 불과한 칼빈 사상을 가르치는 칼빈교이다", "예수님께서는 원수라도 사랑하며 서로 용서하고 핍박하는 자를 위하여 도리어 축복하고 기도하라 말씀해주셨는데도 칼빈은 그 예수님의 가르침을 증거하지 아니하고 많은 사람을 핍박하고 정죄하며 살인까지 하였으니 칼빈의 가르침은 교리적으로 보나 행위로 보나 하나님의 참된 뜻을 전하는 것이 아닌 거짓된 가르침(이다)."

천지일보, 신천지 공식 유튜브 채널 등에서 신천지는 종교개혁자 칼뱅에 대해 '제네바의 살인자·학살자'라는 콘셉트를 갖고 칼뱅 혐오를 부추기는 중이다. 이들의 주장을 요약하면 다음과 같다.

첫째, 칼뱅은 스위스 제네바에서 종교국을 장악, 막강한 정치권력을 등에 업었다.

둘째, 칼뱅은 혹독한 정치와 이단 정죄로 국민의 자유를 억압하고, 20여 년 동안 독재 권력을 휘두르고 종교재판과 마녀사냥을 자행해 악명이 높았다.

① 수많은 사람을 '마녀'라는 죄목으로 화형 시켜 죽였다.

② 잔혹한 고문과 처형을 일삼았다.

③ 제네바에서 칼빈이 사형시킨 공식 사형 인원만 해도 58
명이었다.

④ 예정론 반박 꼬챙이로 창자를 찔러 죽임

⑤ 세례주기 거부 여섯 아이와 어머니와 그 할머니 죽임

⑥ 서로 다퉜다며 가죽을 벗겨 죽임

⑦ 임산부 죽임

⑧ 『유럽의 마녀사냥』의 저자 브라이언 레벡(Brian P. Le-
vack)에 의하면 '칼빈 사상이 지배하던 스위스에서는
8,800명 이상의 여성이 마녀로 재판을 받고 5,000명 이
상이 처형됐다.'

셋째, 한국교계는 칼뱅을 대단한 신학자라고 평가하지만 세
계적으로 우리나라에서만 나타나는 예외적인 현상이다. 후
대 기독교 역사철학자들은 그를 '최악의 기독교인'이라 평가
하고 있다.

신천지의 주장이 만일 사실이라면 칼뱅은 종교를 빙자해 수

많은 사람의 인권과 생명을 빼앗아 가버린 악마의 화신이라고 해도 과언이 아닐 정도이다. 과연 이들의 주장은 사실일까? 반증할 내용이 상당수이긴 하지만 칼뱅이 제네바에서 활동할 때부터 사망할 시기까지 과연 신천지 측의 주장처럼 악마의 화신 같은 일을 했는지 반증해 보겠다.

- 칼뱅이 제네바의 학살자였다는 신천지 측 주장에 대한 답변

칼뱅 혐오 뉴스에 대한
반증

칼뱅 혐오 뉴스에 대한 반증

'칼뱅 학살자' 주장은 역사적 사실에 관한 팩트 체크를 통해 검증해야 한다. 특히 제네바에서 만행과 폭정을 저지르며 학살과 살인을 저지른 사람이냐, 아니냐를 제대로 확인하면 되는 작업이다. 따라서 이는 감정이나 선입견으로 해결할 일이 아니라 역사적 사실 여부로 판단해야 한다.

1. 칼뱅은 스위스 제네바의 종교국을 장악하고 정치권력을 등에 업은 독재 권력자였나?

신천지 측이 칼뱅과 관련하여 가장 먼저 주장하는 것은 칼뱅이 20여 년 동안 제네바에서 막강한 정치권력을 등에 업고 종교국을 장악, 독재 권력을 휘둘렀다는 주장이다. 신천지가 이를 전제하는 이유는 살인·학살 등 온갖 만행이 가능하려면 칼뱅이 제네바의 막강한 독재자가 되지 않고서는 불가능하기 때문이다. 그렇다면 이 내용부터 우선 확인하면 된다. 먼저 제네바에서

16세기 칼뱅의 모습을 그린 초상화. 제네바 대학교 소장. 화가 미상

칼뱅은 독재자였는지부터 살펴보겠다. 그 다음 종교국을 장악한 것도 사실인지, 막강한 정치권력을 등에 업었는지에 대해서도 확인해 보겠다.

1) 칼뱅은 제네바의 독재자가 아니었다.

ㄱ. 칼뱅은 제네바에서 이방인·난민으로 거의 일평생을 살았다.

칼뱅은 프랑스의 누아용에서 1509년 출생했다. 1523년에

칼뱅은 제네바에서 이방인·난민으로 거의 일평생을 살았다.

는 파리에서 철학과 논리학, 라틴어를 수학했고 20대 초반까지 법학을 공부했다. 1533년 그의 모든 것이 변했다. 그는 회심하며 근본적으로 충성의 대상이 로마 가톨릭교회에서 하나님의 말씀으로 바뀌었다고 강조했다. 칼뱅은 다음과 같이 고백한다. "제 과거의 삶을 청산하고 당신의 길을 따르는 것을 가장 우선적인 일로 삼았나이다."[1] 평생을 개인 집필을 하며

---

1) John C.Olin(ed). A Reformation Debate: Sadoleto's Letter to the Cenevans and Calvin's Reply(New York: Harper&Row, 1966). 87-88에서 브루스 고든, 『칼빈』, 이재근역, (서울: IVP, 2018), 85 재인용.

조용히 살고자 했던 칼뱅은 파렐의 설득을 받아 1536년부터 스위스 제네바의 종교개혁에 합류하게 된다.

ㄴ. 칼뱅은 1536년 파렐과 함께 제네바에서 개혁운동을 펼쳤으나 제네바 소의회의 반발을 사서 1539년 추방[2], 스트라스부르로 이주해 2년 동안 지낸다.

제네바의 독재자가 아니라 시민 권력에 의해 추방을 당하기도 하고 다시 돌아오기도 하는 정치적 입지가 견고하지 않고 위태로운 시절도 상당수였다.

ㄷ. 1541년 재입성 이후 18년 동안 제네바의 시민권이 없는 소위 '난민'으로 살아가다 1559년이 돼서야 비로소 제네바 시민권을 얻는다.

그마저도 공직에는 나설 수 없는, 선거권 없는 2등 시민권이었다. 그리고 불과 5년 후인 1564년 하나님의 부르심을 받는다.[3] 일생의 대부분을 제네바에서 외국인으로 살아갔던 그에

---

2) 브루스 고든, 161-162.
3) 정요한, 16-17.

게 제네바의 독재자라는 별칭은 어울릴 수가 없다.

2) 칼뱅은 막강한 정치권력을 등에 업고 무소불위의 권력을
   휘두르지 않았다.

ㄱ. 제네바라는 도시는 칼뱅 이전에 이미 상당히 독립된 공
   동체로 발전해 있었다.

"도시국가에 대한 제네바 시민들의 자부심과 충성심은 종
교개혁이라고 해도 전혀 깨뜨릴 수 없었다. 상당히 발전된 사
회 체제는 칼빈 이전의 제네바 시민들이 이루어 놓았기 때문
에 심지어 칼빈의 반대파 지도자들마저도 그들로부터 지지
를 받았다."[4]

ㄴ. 제네바는 칼뱅 이전부터 독재 권력에 의해서가 아니라 '소
   의회'를 통해 도시의 주요 사항을 결정하는 도시국가였다.

칼뱅이 제네바에 간 것은 1536년이었다. 그 전부터 제네바
는 도시 행정 조직을 갖추고 있었는데 이를 '소의회'라고 불렀

---

4) 김재성, 『칼빈의 삶과 종교개혁』, (서울:이레서원, 2001), 539.

   - 칼뱅이 제네바의 학살자였다는 신천지 측 주장에 대한 답변

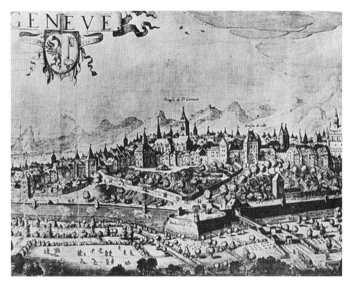

칼빈 시대의 제네바 전경

다. 제네바 소의회는 20명의 의원, 4명의 행정장관, 200인 의회와 함께 투표를 통해 제네바 시에 관한 중요한 결정을 내렸다. 제네바 소의회는 종교개혁 이후에는 콩시스투아르(치리회)를 통해 목회자를 고용하고 해고하는 역할에 일부 가담했다.[5]

소의회가 엄연히 존재하는 도시국가에서 목회자인 칼뱅의 독재적 권력은 불가능했기에 그가 무소불위의 권력을 휘둘

---

5) 브루스 고든, 143.

렀다는 것도 사실이 아니다. "칼빈 당시 제네바의 소의회 의원들은 모두가 제네바 본토박이 사람들로 시민권을 사서 시민이 된 사람들의 자손들이었다고 말하는 게 중요하다. (중략) 제네바에서는 이민자들은 모든 관리직을 가질 수 있었고, 또 1559년까지는 그 직책에 선출되었으나, 소의회는 그들에게 닫힌 상태로 두었다. (중략) 제네바의 소의회 의원들은 생활에 깊이 뿌리박고, 열심히 일하였으나, 무식한 사람들이었다. 그들은 그들의 목사들과 오랫동안 대화를 나눌 수 없었고, 법률적, 혹은 신학적 정교함에 참지 못하는 그런 사람들이었다."[6]

　제네바의 정치권력은 소의회 의원들에게 있었고 이 자리는 칼뱅 같은 이민자들에게는 열려 있지 않았다는 윌리엄 몬터의 주장이다. 윌리엄 몬터는 노스웨스턴대학의 교수로서 세계적으로 유명한 '근세초기 사학자'이며 유럽 근세의 마술, 종교재판 연구의 권위자이다.

ㄷ. 칼뱅은 막강한 정치권력, 즉 소의회의 권력을 등에 업은

---

6) 윌리엄 몬터, 『칼빈의 제네바』, 신복윤 역, (경기도: 합신대학원출판부, 2015), 214-215.

　- 칼뱅이 제네바의 학살자였다는 신천지 측 주장에 대한 답변

칼뱅은 막강한 정치권력을 등에 업고 무소불위의 권력을 휘두르지 않았다.

사람이 아니었다.

소의회에 속한 주요 위원 중에는 칼뱅이 죽을 때까지 한결같이 대적자로 살았던 사람들이 적지 않았다. 그들 중에는 칼뱅이 1541년 귀환하는 것도 동의하지 않은 사람들이 있다. 심하게는 로마 교황보다 칼뱅을 더 미워했으며 그를 모욕하고 위협했다. 칼뱅에게 '가인'이라는 별명을 붙였고 거리의 개들에게 그의 이름을 붙이기까지 했다. 칼뱅이 강의실에 가는 도중에 모욕하는 사람도 있었고 그의 침실 앞에 50발의 총알을 쏘기도 했다. 설교단에 있는 그를 위협하고 성찬상에 달려들

어 그의 손에서 성물들을 빼앗으려고도 하였다.[7]

칼뱅은 제네바에서 죽는 날까지 절대권력이나 정치적 안정과는 거리가 먼 인생을 살았다. 이렇게 살게 된 이유 중에 하나는 제네바 시민들의 자유분방한 삶과도 관계가 있었다.

ㄹ. 칼뱅과 정치적·종교적 갈등 관계를 가진 이들은 자유를 넘어 방종을 즐겼다.

칼뱅은 제네바 시민들에게 경건하고 교양 있는 삶을 요구했고 이를 큰 짐으로 여긴 그들은 칼뱅을 몹시 적대했다. 칼뱅의 대적자들을 교회사학자 필립 샤프는 두 종류로 설명한다. 하나는 애국파 또는 '제네바의 아이들'로 불렸는데 이들은 정치적인 근거에서 칼뱅을 반대했다. 이들은 정치적 유력자이자 부르주아들로서 파브리, 페랭, 방델, 베르텔리에르, 아모 등이 속했다. 이들은 개인적인 자유와 오락을 침해하는 모든 조처에 저항했고, 특히 칼뱅이 외국인이라는 것 때문에 싫어했

---

7) 필립 샤프 저, 『스위스 종교개혁 - 교회사 전집 8권』, 박경수 역, (경기도: CH북스, 2004), 427.

- 칼뱅이 제네바의 학살자였다는 신천지 측 주장에 대한 답변

다.[8] 자신의 사생활과 이혼 앞에 걸림돌을 놓았던 칼뱅을 적대시하며 등을 돌린 아미 페랭이 1549년 행정장관이 되며 제네바 시의 유력자가 된다. 칼뱅의 험난한 도시 생활을 파악할 수 있는 대목이다.

또 다른 부류는 리버틴으로 불리는 자들로서 칼뱅의 엄격한 치리에 극단적으로 반대하며 '자유 성령의 형제 자매단'이란 이름으로 활동하며 반율법주의 혹은 도덕률 폐기론적인 교리들을 부활시킨 이들이다. 이들은 교회로부터뿐만 아니라 도덕률로부터도 해방되고자 했다. 심지어 리버틴들은 재물과 여성들을 공유하라고 가르쳤고 영적인 결혼을 법적인 결혼보다 더 우위에 놓았다. 이들은 성경을 죽은 문자라고 하면서 거부하거나 혹은 자신들의 망상에 맞추기 위해 엉뚱한 풍유적 해석을 시도하였다.[9]

각각 정치적·종교적 이유에서 이 둘은 칼뱅과 극단적으로 대립했다. 이처럼 칼뱅의 일생은 절대 독재 권력자의 삶과는

---

8) 필립 샤프, 428.
9) 필립 샤프, 430.

거리가 멀었고 대적자들과의 팽팽한 긴장 속에서 평생을 살다 갔다.

3) 칼뱅은 제네바의 종교국을 장악하지 않았다.

신천지 측은 칼뱅이 제네바의 '종교국'을 장악하고 정치권력을 등에 업고 절대적 독재 권력을 휘두른 것처럼 주장한다. 그런데 과연 종교국이란 어떤 곳이었을까? 아니 그전에 종교국이라는 곳이 제네바에 있었을까? 우선 제네바에 종교국이 있었다고 주장하는 사람들은 '카스텔리오'나 '츠바이크'라는 사람의 글을 인용, 종교국의 기능을 마치 제네바 시민들의 모든 생활을 감시하는 나치의 게슈타포와 같은 경찰 조직으로 이해하고 설명함을 볼 수 있다. 종교국을 장악한 칼뱅이 비밀경찰이 돼서 사람들을 감시하고 그 결과로 그들을 투옥하고 각종 잔인한 방법으로 고문하고 사형까지 집행했다고 주장하기 때문이다.[10] 신천지도 다르지 않다.[11]

---

10) 정요한, 24.
11) 이지솔, 2021.03.01. 천지일보 기사.

ㄱ. 카스텔리오와 츠바이크의 '칼뱅 종교국 장악' 주장은 역사왜곡이다.

'칼뱅 종교국 장악' 주장을 한 카스텔리오와 츠바이크에 대해서는 뒤에서 별도로 정리하겠다. 우선 '종교국'과 관련한 역사적 사실을 진술하겠다. 칼뱅은 제네바에서 게슈타포와 같은 역할을 하지 않았다. 이는 정치적으로 입지가 약한 칼뱅으로서는 불가능한 일이었다. 칼뱅의 제네바에서의 주요 사역은 4가지였다. 첫째, 목회자들의 성경 토론 모임인 제네바 목사회의 사회자였다. 둘째, 목회자·시민 교육기관인 제네바 아카데미 개설이었다. 1559년 이 아카데미가 개설되자 유럽 전역에서 몰려온 학생들을 교육했고 이들을 다시 전 유럽의 지도자로 내보내는 명문으로 발전하게 되었다. 셋째, 사회복지기관인 종합구빈원이었다. 이 기관은 피난민과 가난한 사람들을 돕기 위해 칼뱅의 제네바 이주 이전부터 설립된 기구였다. 하지만 칼뱅은 구제와 관련한 성경적 근거를 마련해 구제 사역을 더욱 탄탄하게 세워갔다. 넷째, 제네바를 하나님의 도시로 만들기 위한, 즉 경건하고 거룩한 시민들이 되도록 질서를 지키도록 감독하고 교육하고 다스리는 역할을 수행하는 제네바

칼빈이 1559년에 설립하여 강의하던 제네바 아카데미

치리회를 만들었다. 이 치리회의 구성은 12명의 평신도와 12명의 목회자로 이뤄졌다. 평신도들은 소의회에서 2명, 60인 의회에서 4명, 200인 의회에서 6명을 선출했다. 의장은 제네바의 행정장관이 맡았다.[12] 물론 칼뱅의 지성과 판단력이 이 소의회에 큰 영향을 미치지 않았다고는 할 수 없으나 그렇다고 그에게 모든 책임을 물을 수 없는 정치적 구조와 틀을 갖추고 있었다는 점은 분명하다.

---

12) 임종구, 『칼빈과 제네바 목사회』, (서울: 부흥과개혁사, 2015), 209-217 요약.

- 칼뱅이 제네바의 학살자였다는 신천지 측 주장에 대한 답변

ㄴ. 칼뱅이 세운 제네바 치리회는 사법권이 없었다.

칼뱅 학살자설을 주장하는 자들이 종교국으로 설명한 기관이 제네바에 존재했다면 그것은 아마도 제네바 치리회를 두고 한 설명으로 보인다. 그러나 이 치리회는 제네바시민들이 만일 부도덕한 행위를 할 경우 최고 '수찬정지'를 할 수 있는 역할만을 할 수 있었다. 이곳은 오로지 영적인 의미의 처벌만 할 수 있었고 세속적이고 현세적인 처벌들과는 아무런 관련이 없었다. 그런 것들은 전적으로 시의회에 속한 권한이었다. 치리회에서 내릴 수 있는 가장 가혹한 처벌은 출교였다.[13] 여기서 볼 수 있는 것은 제네바가 통상적으로 알고 있는 신정국가, 종교와 국가가 일치하는 사회가 아니라 오히려 철저하게 종교와 권력이 분리된 통치체제였음을 이해할 수 있다. 몬터는 "제네바는 참으로 신권 정치였다"고 말한다. 그런데 이는 제네바가 성직자에 의해 통치됐다는 의미가 아니다. 그는 "오히려 제네바가 이론적으로는 영속권력과 세속권력의 균형을 통해 말하자면 서로 화합하여 활동하고 있는 성직자와 시 당국자들을 통하여, 하나님에 의하여 통치되고 있다는 것을 의

---

13) 필립 샤프, 414.

미한다"고 정리한다.[14]

이처럼 제네바 치리회는 기소하고 재판하는 검찰이나 법원과 같은 역할을 한 곳이 아니었다. 일상 통치에서 치리회가 부담한 몫은 흔히 생각되었던 것보다 훨씬 적었다. 오히려 검찰같은 역할을 한 곳은 칼뱅의 반대파가 득세한 제네바 소의회였다. 제네바 소의회는 외교·재판(사형선고와 집행·민사사건)·조폐국 운영 등 국가 주권의 모든 권한을 행사하고 행정과 공공활동을 관장하고 감시했다.[15]

지금까지 필자는 칼뱅이 제네바의 종교국을 장악하고 정치권력을 휘두른 무소불위의 독재자라는 설이 역사적으로 근거를 찾기가 어려운 허위·과장이라는 점을 진술했다. 그렇다면이제 '칼뱅 제네바 학살자설'에 대해 살펴보고자 한다. 먼저신천지 측이 무엇을 주장했는지, 다음으로 신천지 측이 주장하는 일이 실제로 제네바에서 일어났는지, 마지막으로 주장의

14) 윌리엄 몬터, 211.
15) 윌리엄 몬터, 212-213.

 - 칼뱅이 제네바의 학살자였다는 신천지 측 주장에 대한 답변

근거는 어디서 왔는지를 차례로 확인해 보겠다.

2. 신천지 측이 언급하는 제네바에서의 학살이 실제로 일어났다면 그것은 모두 칼뱅의 책임인가?

신천지 측이 '칼뱅 학살자'설의 근거로 제시하는 항목들은 인간이라면 도저히 하기 어려운 일들이다. 그러나 신천지 측은 단순명료하게 '칼뱅은 제네바의 살인마였다'며 16세기 제네바에서 일어난 만행이 모두 칼뱅의 주도하에 발생한 일인 것처럼 폭로한다. 이에 대해 반증하기 전에 먼저 전제해야 할 게 있다. '칼뱅은 제네바의 학살자였다!'라는 말 한마디에 그리스도인들이 부화뇌동해서는 안 된다는 점이다. 학살자가 뭔지, 살인마가 어떤 의미를 갖는지 생각해 봐야 한다. 칼뱅을 역사 속 중대 범죄자인 히틀러나 현대판 연쇄 살인범들에게나 쓸 수 있는 동일한 단어를 갖다 붙인다는 점에서 그리스도인들은 그 이면에 숨은 악한 의도를 분별해 낼 수 있어야 한다. 칼뱅이라는 인물이 갖는 시대적·역사적·신학적 의미와 중요함을 딱 한 문장으로 파괴할 수 있다면 그것은 '칼뱅은 제네바의 살인마였다'는 말일 것이다. 그 문장을 통해 그리스도인들을 선동하는 이들이 얻어내려는 반대급부가 무엇인지도 우리는 간파해 내야 한다.

우리는 모두 '시대의 자녀들'이다. 역사학자 필립 샤프는 "우리는 그를 그 자신의 시대 기준에 따라 판단해야지, 우리 시대의 기준으로 판단해서는 안 된다"[16] 라고 말했다. 그는 "종교개혁 시대의 잔혹한 법률들은 마술, 이단, 그리고 신성모독과 관련한 것으로서 중세에서 유전돼 로마 가톨릭과 프로테스탄트를 불문하고 17세기 말까지 유럽의 모든 나라들에서 계속해서 강제력을 지녔다. 종교적 관용은 현대적인 덕목일 뿐이다"고 설명한다.

그 시대의 한계 속에서, 또 그 시대의 배경 속에서 이해해야 할 일마저도 현대적 시각에서 가장 추악한 범죄처럼 매도하는 것은 아주 나쁜 역사해석 방식이다. 칼뱅도 16세기 제

---

16) 필립 샤프, 425.

 - 칼뱅이 제네바의 학살자였다는 신천지 측 주장에 대한 답변

네바라는 인간적·정치적·역사적 한계 속에서 살았던 인물임을 상기하고 이 문제를 풀어가는 게 역사에 접근하는 정직한 길이라고 제언한다. 이 전제를 갖고 이제 신천지 측에서 주장하는 끔찍한 만행들이 과연 제네바에서 일어났는지 팩트 체크부터 해보자.

1) 신천지 측에서 언급하는 끔찍한 만행들이 과연 제네바에서 일어났는가?

신천지 측 언론과 유튜브 채널은 제네바에서 칼뱅이 공식 사형시킨 인원만 해도 58명이었다고 폭로하고 58명이 어떻게 죽었는지 6가지로 나눠서 설명한다.

- 수많은 사람을 '마녀'라는 죄목으로 화형 시켜 죽였다.
- 잔혹한 고문과 처형을 일삼았다.
- 예정론에 반박하는 자를 꼬챙이로 창자를 찔러 죽였다.
- 세례주기를 거부하자 여섯 아이와 어머니와 그 할머니를 죽였다.
- 서로 다퉜다며 가죽을 벗겨 죽였다.

- 임산부를 죽였다.

신천지 측 매체들은 이런 내용을 브라이언 르박(혹은 브라이언 레박)의 글을 인용, 칼뱅 사상이 지배하던 스위스에서 8,800명 이상의 여성이 마녀로 재판을 받고 5,000명 이상이 처형됐다[17]고 주장한다.

전술했던 것처럼 칼뱅이 종교국을 장악한, 정치권력을 등에 업은 독재자라는 전제는 완전히 잘못됐다는 점을 밝혔다. 그렇다면 그 잘못된 전제를 갖고 언급한 6가지 항목에 대해서도 우리는 충분히 역사적 사실성에 의심을 가질 수밖에 없다. 이는 단순한 문제가 아니라 16세기의 위대한 종교개혁자 칼뱅이 과연 도시공화국의 학살자냐, 아니냐는 사자의 명예가 걸

---

17) 제네바에서 일어난 만행의 목록은 이지솔의 2021.03.01. 천지일보 기사와 HMBC "예수교와 칼빈교, 그 진실은 무엇인가?"라는 2012.08.06 유튜브 영상 근거로 정리했다. 특히 이지솔은 "'절대예정론'을 주장했던 칼빈은 당시 스위스 제네바에서 종교국을 장악, 막강한 정치권력을 등에 업고 가톨릭을 능가하는 잔인한 종교재판과 마녀사냥을 자행했다. 그는 자신이 정한 교리에 동조하지 않으면 '이단'으로 몰아 사형시켰다. 당시 인구 1만 6,000명에 불과한 제네바에서 칼빈이 사형시킨 공식 사형 인원만 해도 58명이며 추방한 인원도 76명이다. 이 중 10명은 참수형이었고, 35명은 마녀사냥처럼 처참한 화형이었다"고 기사화했다.

- 칼뱅이 제네바의 학살자였다는 신천지 측 주장에 대한 답변

린 매우 중대한 문제다.

첫째, 이 폭로 방식 자체에 문제가 있다. 신천지 측은 이 내용을 언급하며 출처를 정확히 표기하지 않는다. 게다가 그들이 좋아하는(신천지는 육하원칙을 매우 좋아한다), 아니 기자라면 반드시 지켜야 할 육하원칙이 기사에는 빠져 있다. 칼뱅이 도대체 언제, 어떤 과정을 통해 58명을 공식적으로 사형시켰다는 것인지 언급하지 않는다. 시점은 그냥 '칼뱅 당시'라는 말로 두루뭉수리 썼다. 그 이유도 '자신이 정한 교리에 동조하지 않으면'이라는 단서 한 가지만 달았다. 따라서 신천지의 이 선동을 반증하기 위해서는 58명이 사형당했다는 원 출처를 직접 찾고 그들이 죽은 이유가 과연 '이단' 문제였는지 역사적 사료를 살피며 구체적인 반론까지 해야 하는 이중 작업을 해야 한다. 그런 점에서 신천지는 나치의 선동가 괴벨스의 기법을 아주 성실하게 이행하고 있다. 자신들은 선동만 해 놓고 그것을 반박하는 자는 선동자의 출처와 원 자료 등을 모두 찾아서 반박해야 하니 말이다.

둘째, 칼뱅이 58명을 처형했다는 주장은 가짜 뉴스다. 처형당했다는 58명이라는 숫자를 찾아낸 정요한에 따르면 이 주장은 19세기 중엽, 프랑스에서 발간된 갈리페(J.B.G. Galiffe)의 책 『Nouvells Pages d'histoire』에서 최초로 등장한다. 갈리페는 칼뱅주의자들이 정권을 잡았던 기간 가운데 가장 평화로웠던 4, 5년 사이(1542년~1546년)에 58명이 사형당한 것을 세었다고 주장한다. 그는 이 시기에 남자가 30명, 여자가 28명 처형당했고, 13명이 교수형, 10명이 참수형, 5명은 시장에서 능지처참, 35명은 오른손이 절단된 후 산채로 화형(갈리페의 주장대로라면 죽은 사람은 58명이 아니라 63명이다:편집자 주)에 처해졌다고 주장한다. 숫자도 맞지 않는데 잘못 표기한 게 아니라 그의 책에 이렇게 기록되어 있었다.[18]

신천지 측은 "칼빈이 사형시킨 공식 사형 인원만 해도 58명이며 추방한 인원도 76명이다"라고 기사화했는데 1542년

---

18) J.B.G, Galiffe, Nouvells Pages d'Histoire Exacte Proces de Pierre Ameaux, (Geneve: H.Gerge Libraire de l'institut.1868), 100에서 정요한, 31, 재인용.

부터 1546년은 칼뱅이 아닌 칼뱅의 반대파가 항상 정치적으로 우위에 있었던 때다. 게다가 칼뱅은 제네바의 난민이었고 시민권은 1559년에야 비로소 받았다. 그는 제네바 시민이나 거주자를 처형할 수 있는 사법적 권한은 물론 누군가를 추방할 권한도 전혀 없었다. 사법권은 칼뱅이 아니라 제네바 시의회에 있었다. 이곳의 의장은 칼뱅도 아니었다. 따라서 칼뱅이 종교국을 장악하고 정치권력을 등에 업고 독재를 일삼았다는 전제를 갖고 58명을 처형했다는 진술은 전제 자체가 잘못됐을 뿐 아니라 역사적 사실도 아니다.

셋째, 필립 샤프의 교회사에서도 칼뱅을 '제네바의 학살자'라고 명명하지 않는다. 샤프는 '제네바에서의 치리 시행' 항목에 "치리법원과 시의회는 그(칼뱅)에게 고무를 받아 부도덕을 바로잡으려는 청교도적인 열정을 경쟁적으로 표출하였다. 하지만 그들의 열정은 때때로 지혜와 중용을 벗어나기도 하였다"[19]고 쓰며 제네바에서 일어난 치리시행에 대해 서술한다. 물론 질책, 벌금형, 감옥형이 '때때로', 가혹하게 실행됐음을

---

19) 필립 샤프, 421.

언급하면서도 이것이 얼마나 공평하게 실행이 됐는지, 총사령관의 아내이든, 칼뱅의 친구이든 엄격한 법 적용을 받았다고 썼다.[20] 그 법 적용을 통해 사형을 당한 사람들도 있었다고 샤프는 기록한다. 부모를 때린 한 소녀가 참수당했다. 한 은행가는 계속적인 간음으로 처형됐다. 마법을 부린다는 이유로 20여 명의 남녀가 화형당했다. 그루에(Gruet)는 반역과 무신론의 혐의로 참수당했다.[21]

비교적 구체적으로 제네바에서 사형당한 일부 사람들에 대해 서술한 샤프이지만 신천지의 선동처럼 58명의 사형수들을 칼뱅이 △'마녀'라는 죄목으로 화형 시켜 죽였다 △잔혹한 고문과 처형을 일삼았다 △예정론에 반박하는 자를 꼬챙이로 창자를 찔러 죽였다 △세례주기를 거부하자 여섯 아이와 어머니와 그 할머니를 죽였다 △서로 다퉜다며 가죽을 벗겨 죽였다 △임산부를 죽였다는 내용은 언급조차 하지 않는다. 이런 일이 제네바에서 일어났다는 어떠한 암시조차 샤프의 글에서

---

20) 필립 샤프, 422.
21) 필립 샤프, 423.

는 찾을 수 없다.

  그나마 샤프의 기록마저도 진실성 여부에 의문이 제기된다. 샤프는 사형집행 기록을 'Registers for April 27. 1546년'이라고 남겼다.[22] 그러나 이에 대해 정요한은 제네바 치리회는 아주 특별한 일이 아닌 이상 목요일에 모였는데 샤프가 기록한 날짜인 1546년 4월27일은 화요일이며 22일과 29일의 기록은 등장하지만 샤프가 쓴 해당 날짜에 대한 기록은 없다고 반박한다. 게다가 22일과 29일의 기록에도 한 소녀의 참수와 간음으로 처형됐다는 은행가와 관련한 기록은 치리회에 남아 있지 않다고 주장한다. 이에 따라 치리회가 처형을 결정했다는 주장은 근거가 없다는 것이다.[23]

  넷째, 제네바에서 칼뱅은 사법권이 없었고 사형은 종교법이 아닌, '카롤리나 형법'에 의해 이뤄졌다. 중세 마녀 사냥 등을

---

22) 필립 샤프 423. 각주 52)항목.
23) 정요한, 35.

중심주제로 연구한 윌리엄 몬터[24] 또한 제네바 시의 58명 사형에 대해 다른 관점을 제시한다. 다른 도시에 비해 제네바가 과도한 법 집행을 한 것이 아니었으며 칼뱅의 시대, 제네바에서 사형선고를 당한 모든 범죄는 칼뱅에 의해서가 아니라 샤를 5세 치하의 1532년 레겐스부르크 제국의회에서 공포된 유명한 '카롤리나 형법'에 기초해서 사형을 당한 것이라고 진술한다. 그 법전에 기초, 사형에 처해도 좋다고 기술돼 있는 법에 따라 처벌받아야 할 사람을 처형했다는 견해다.[25]

다섯째, 칼뱅 시대 제네바에서 종교문제로 처형을 당한 사람은 '세르베투스' 한 사람이라는 데는 많은 연구자들이 동의한다(세르베투스에 대해서는 뒤에서 설명하겠다). 따라서 이단 문제

---

24) "윌리엄 몬터는 1963년 프린스턴에서 박사학위를 받았고 지금은 Northwestern University에서 가르치며 일리노이에 살고 있다. 그는 프랑스와 스위스의 16세기 상황에서 주술, 종교재판, 여성, 마녀사냥 등의 주제를 중심으로 연구했다. 구겐하임과 NEH을 수상하기도 했던 그는 정치권력과 마법과 주술과 관련하여 유럽의 마녀사냥에 관한 연구와 함께 유럽의 여성군주(메리 스튜어트, 엘리자베스, 캐서린 대제)에 대한 연구, 로렌 공국에 대한 연구, 제네바에 대한 연구에서 16세기의 상황을 근대적 연구의 측면에서 전개하여 다양한 자료들을 제공했다." 임종구, 74-75.

25) 윌리엄 몬터, 223.

로 마치 58명이 다른 사람도 아닌 칼뱅이라는 절대권력자에 의해 사형을 당한 것처럼 쓰고 그 사형의 여섯 가지 항목을 적시해 마치 칼뱅의 전적인 책임인 것처럼 기록한 신천지 측의 주장은 나치의 선동과도 같은 가짜 뉴스일 뿐이다.

필자는 이제까지 신천지 측이 '칼뱅의 제네바 학살자설'을 언급하며 출처를 제대로 밝히지 않았다고 지적했다. 그나마 신천지 측의 주장에 인용된 사람들을 정직하게 인용했는지 살펴볼 차례다.

2) 『유럽의 마녀사냥』의 저자 브라이언 레벡(Brian P. Levack)[26] 은 신천지 측의 주장처럼 "칼빈 사상이 지배하던 스위스에서는 8,800명 이상의 여성이 마녀로 재판을 받고 5,000명 이상이 처형됐다"고 쓴 적이 없다.

---

26) 국내에 브라이언 르박으로 소개됐다. 유럽의 마녀사냥의 저자인 르박은 예일대학교 철학박사이자 텍사스주립대학 역사학과 교수이다. 마녀사냥과 관련한 다양한 기록물을 남겼다.

신천지 측은 기사를 쓰면
서 출처와 근거를 제대로 제
시하지 않았다고 이미 지적
했다. 그나마 근거 자료로 제
시한 서적이나 저자의 이름이
몇 명 등장한다. 『유럽의 마녀
사냥』의 저자 브라이언 레벡
(이하 브라이언 르박)이라는 이

「유럽의 마녀사냥」의 저자 브라이언 르박

름이었다. 그런데 그나마 제시한 근거 자료도 왜곡해서 인용
한 게 신천지 측 천지일보였다. 기사부터 직접 살펴보자.

"『유럽의 마녀사냥』의 저자 브라이언 레벡에 의하면 '칼빈
사상이 지배하던 스위스에서는 8,800명 이상의 여성이 마녀
로 재판을 받고 5,000명 이상이 처형됐다'고 기록하고 있다.
칼빈 추종자들이 저지른 '마녀사냥'까지 포함하면 피해자는
수천 명으로 추정된다." 27)

---

27) 이지솔, 천지일보, 2020.03.01.

다음과 같이 반증한다.

ㄱ. 천지일보는 브라이언 르박을 부정직하게 인용했다.

르박은 『유럽의 마녀사냥』이란 책에서 천지일보에서 인용한 내용을 기록하지 않았다. 오히려 정반대의 내용을 찾아볼 수 있다. 천지일보 측 기자가 출처를 제대로 표기하지 않아서 저자는 직접 르박의 저술과 기사에서 인용했을 만한 출처를 찾기 위해 책을 처음부터 끝까지 살펴야 했다. 살핀 결과 르박의 원문에는 기사와는 다른 내용이 기록됐다.

"8,800명 이상의 마녀가 재판을 받고 5,000명 이상이 처형된 스위스에서는 상황이 더욱 복잡하다. 왜냐하면 **스위스 연방은 종교적·문화적으로 그리고 언어적으로 다양했기 때문이다.** 각 주는 법적으로 자치를 누렸으며, 이는 마녀사냥의 유형을 다양화시켰을 뿐 아니라, 통제 불능의 상태로 만들 수도 있었다."[28] – 원문에는 마녀사냥과 관련, '칼뱅'과 관련해서 단 한마디도 언급하지 않고 오히려 스위스 연방은 '종교적…

---

28) 브라이언 르박 저, 『유럽의 마녀사냥』, 김동순 옮김, (서울: 소나무, 2003), 267.

으로 다양했다'고 기록했다. 그런데 천지일보는 "칼빈 사상이
지배하던 스위스"라고 기사화한 것이다.

ㄴ. 전술했듯이 르박의 원문 책자 그 어디에도 '칼빈 사상이
   지배하던 스위스'라는 표현은 없다.

르박은 원문에서 오히려 "제네바는 역병으로 큰 소동을 겪
기도 했지만 마녀사냥은 심하지 않았다"고 기록했다.[29] 칼뱅
의 절대적 영향력 아래에 있던 제네바가 오히려 마녀사냥이
심하지 않았다는 게 원문인데, 천지일보 측은 고의적인지, 아
니면 원문을 확인도 하지 않았던 것인지 이 내용은 누락했다.
또한 르박은 "스코틀랜드에 널리 퍼진 칼뱅 사상은 마녀사냥
을 조장하지 않았으나 스코틀랜드의 성직자는 잉글랜드의 성
직자보다 일반인의 신앙생활에 더 많은 영향을 끼쳤다"[30]고
썼다. 오히려 칼뱅의 사상이 마녀사냥을 조장하지 않았다며
선을 긋고 있는 게 르박인데 천지일보 측은 전혀 반대되는 소
리를 하고 있는 셈이다.

---

29) 르박, 267.
30) 르박, 275.

 - 칼뱅이 제네바의 학살자였다는 신천지 측 주장에 대한 답변

ㄷ. 신천지 측은 스위스를 칼뱅 사상이 지배했다고 썼는데 16세기 스위스는 칼뱅 사상만이 아니라 로마 가톨릭을 따르는 도시들로 양분돼 있었다.

르박도 "스위스 연방은 종교적·문화적으로 그리고 언어적으로 **다양했(다)**"고 서술한다. 취리히, 베른, 바젤, 샤프하우젠과 준회원국들인 비엘, 뮐루즈, 뇌샤텔, 제네바, 장크트갈렌 시는 개신교, 그 외 스위스 연방 회원국들과 발레, 아펜첼, 이너로덴 등은 가톨릭으로 남았다. 글라루스도 두 가지 종교가 있었다. 따라서 '칼뱅 사상이 지배하는 스위스'라고 통칭해서 칼뱅 사상의 영향으로 마치 마녀사냥이 자행됐다고 쓴 천지일보는 사실을 왜곡한 것이다.[31]

ㄹ. 르박은 천지일보 기사와 달리 마녀사냥은 스위스에 한정한 문제가 아니라 유럽 전체적인 문제였고, 당시 유럽의 세계관을 지배했던 시대적 현상이었음을 제시한다.

---

31) 스위스 관광청 '스위스 역사 참고' https://www.myswitzerland.com/ko/planning/about-switzerland/history-of-switzerland/conflict-and-religious-wars/

선동적으로 칼뱅에게 그 책임을 몰아가는 관점은 르박에게 전혀 보이지 않는다. 그가 밝힌 유럽의 마녀 재판은 다음과 같다.

덴마크의 경우 1547년~1576년 이후 2천 건의 마녀재판이 있었고 1,000여 명이 처형됐다.[32] 1668년~1676년 스웨덴 북부지방의 마녀사냥에서 200명 이상이 처형됐다.[33] 폴란드(소수의 프로테스탄트와 다수의 가톨릭이 공존)의 경우 1676년~1725년 사이 바라노프스키에 의하면 합법적으로 10,000명이 처형됐다. 과장된 수치이나 반만 생각해도 적지 않은 숫자다.[34] 16세기 말~18세기 중엽 사이 헝가리·트란실바니아·몰다비아·왈라키아의 마녀사냥은 약 900건의 개별적인 마녀재판과 이 가운데 400여 명이 처형(대부분 화형)되었다.[35] 스페인 특별 재판소는 1580~1650년 사이에 각종 형태의 마

---

32) 르박, 280.
33) 르박, 286.
34) 르박, 290.
35) 르박, 295.

술과 마녀술 혐의로 3,500명 이상의 사람을 재판했다.[36] 독일 남서부 엘반겐에서는 1611년~1618년 7년 동안에만 400명을 처형했다.[37] 17세기 말에서 18세기, 오스트리아가 처형한 사람의 수는 1,500명, 보헤미아는 1,000여 명이었다.[38] 프랑스의 로레인 지방에서는 니콜라스 레미가 1586~1595년 사이에만 800명 이상의 마녀를 처형했다. 그는 재직기간 동안 총 2,000여 명의 마녀를 처형했다. 룩셈부르크에서는 1606~1650년 사이에 355명이 처형되었으며 스페인령 네덜란드의 다른 지역에서는 더 많은 사람이 처형되었다. 이처럼 마녀사냥은 유럽 전역의 다양한 국가, 종교, 문화, 역사적 배경 속에서 일어난 일이다.

르박은 근대 초기까지 약 11만 건의 재판에 6만 건의 처형이 일어났을 것으로 추산한다. 마녀관련 재판 건수는 독일 내에서 5만 건, 폴란드에서 대략 1만 5천 건, 스위스에서 대

---

36) 르박, 299.
37) 르박, 265.
38) 르박, 266.

략 9천 건, 신성로마제국 안의 여러 제후국과 프랑스 왕국에서 1만 건, 영국에서 대략 5천 건, 스칸디나비아 왕국에서 5천 건, 헝가리·트란실바니아·몰다비아·왈라키아·러시아에서 4천 건, 스페인과 지중해 연안국 약 1만 건이다.[39] 유럽 전체적인 역사 속에서 일어난 일을 단 한 사람 칼뱅에게 책임을 몰아가는 것이 나치적 선동이 아니고 무엇인가?

ㅁ. 유럽의 대규모 마녀사냥에 대해 역사학자 르박은 신천지처럼 '칼뱅은 제네바의 살인마다'라는 나치 선동식의 해석법을 택하지 않았다.

그는 16세기 말에 대규모 마녀사냥이 일어난 결정적 요인에 대해 이 시기는 유럽 역사상 100년 동안 지속된 경제적, 정치적 불안정 시대의 시발점이었다고 소개한다. 1550년~1650년 유럽은 계속적인 인플레이션, 상업적·농업으로의 전환, 일련의 기근(가장 심했던 시기는 1590년대였음), 교역의 쇠퇴, 그리고 생산성의 위기를 겪었다. 정치적 혼란은 반란, 내전, 종교전쟁, 심지어 혁명의 형태로도 나타났다. 게다가 16세기 초

---

39) 르박, 48-50 요약.

유럽은 흑사병과 같은 전염병이 많은 지역에 퍼져 상상할 수 없는 극심한 타격을 입었다. 이러한 현상은 가끔 마녀 고발 사건에서 볼 수 있는 개인 간의 갈등을 더욱 심화시켰다.[40]

이처럼 역사학자 르박은 마녀사냥의 책임을 전혀 칼뱅에게 전가하지 않고 있다. 그런데도 신천지 측이 마녀사냥 전문학자 르박의 객관적인 연구결과를 왜곡해서라도 모든 책임을 칼뱅에게 쏟아붓고 있는 이유는 무엇일까? 이는 신천지 측이 '칼뱅은 제네바의 학살자·살인마'라는 근거로 제시하는 인물들의 신뢰도를 알아본 뒤 다루기로 하겠다.

3) '칼뱅 제네바 학살자' 주장의 원 출처들은 믿을 만한가?

천지일보는 "개신교 내에서 반발이 큰 카스텔리오의 글과 슈테판 츠바이크의 글"이라며 "칼빈은 자신을 비난한 사람을 불에 달군 쇠꼬챙이로 혀를 잘랐고, 자녀에게 유아세례 주기를 거부한 80세 노인과 그의 딸을 처형하기도 했다. 에스파

---

40) 르박, 259.

냐의 의학자이자 신학자였던 세르베투스도 삼위일체론에 반대했다는 이유로 인간 이하의 학대를 받다가 화형을 당했다. 주일예배에 불참하거나 춤을 추거나 술을 마시면 가차 없이 투옥됐다. 감옥에서는 심한 고문이 이뤄졌고, 투옥되는 주민들은 고문을 두려워해 스스로 목숨을 끊는 일이 빈번했다"고 썼다.[41]

이 만행을 저질렀다는 주장이 카스텔리오와 츠바이크에 의해 제기됐다는 것이다. 우선 이들이 어떤 사람들인지 정리해보겠다.

ㄱ. 세바스티안 카스텔리오(Sébastien Castellion, 1515~1563)

카스텔리오는 칼뱅과 동시대 사람으로서 후대의 사람들에게 칼뱅의 평판을 터무니없이 깎아내리고 좋지 않은 선입견을 가지도록 나쁜 이미지와 헛소문에 휩싸이게 만든 사람이다.[42] 그는 칼뱅의 예정론, 엄격한 치리, 사도신경에서 '그리스도의

---

41) 이지솔, 천지일보 2020.03.01. 기사.
42) 김재성, 336.

지옥 강하'와 관련한 해석에 반기를 들었고 아가서의 정경성에 문제제기를 하면서 칼뱅과의 관계가 틀어져 제네바에서 추방당했다.[43] 처형이 아니라 '추방'당했다는 점에 주목해야 한다. 아마 칼뱅이 신천지 측의 주장대로 제네바의

세바스티앙 카스텔리옹

독재자·학살자였다면 다른 그 누구보다 카스텔리오는 추방이 아니라 화형을 당했을 사람이다. 아무튼 제네바에서 추방된 카스텔리오는 바젤로 갔으나 극심한 가난 속에서 유니테리언주의와 일부다처제를 찬성하는 견해를 내포하는 오키노의 '대화'를 번역한 일로 바젤 시의회의 의혹을 자초했으며 1563년 두 명의 아내에게서 각기 낳은 네 아들과 네 딸을 남기고 48세의 나이로 극도의 가난 속에서 죽었다. 그가 죽자 부드럽기로 소문난 취리히의 종교개혁자 불링거도 '오키노의 위험한 책을 번역한 자가 세상을 떠난 것'에 대해 만족을 표할

---

43) 장수민, 『존 칼빈 신학과 목회』, (서울: 칼빈아카데미, 2010), 877.

정도였다고 한다.[44]

문제는 이 카스텔리오를 옹호하며 칼뱅에 대한 혐오를 노골적으로 드러낸 오스트리아의 전기작가 스테판 츠바이크가 『폭력에 대항한 양심: 칼빈에 맞선 카스텔리오』라는 책을 쓰면서 더욱 확산된다.

ㄴ. 스테판 츠바이크(Stefan Zweig, 1881~1942)

츠바이크는 오스트리아의 빈에서 1881년 출생했다. 특히 영국의 L.스트레이치, 프랑스의 A.모루아와 함께 20세기의 3대 전기작가로 일컬어진다. 그는 『폭력에 대항한 양심: 칼빈에 맞선 카스텔리오』라는 책을 1936년, 칼뱅 사후 372년이 지나서 출판한다. 이 책에서 츠바이크는 칼뱅을 '쇠로 된 채찍을 휘두르면서 비정의 도시를 다스린 제네바의 독재자'로 묘사했다. 츠바이크는 칼뱅을 직접 만나본 적도 없는 사람임에도 그를 광기에 휩싸여 있던 모질고 혹독한 살인마요,

---

44) 장수민, 879.

도무지 인간미라고는 찾아볼 수 없는 금욕주의자로 채색했다.[45] 그러나 이 책은 전기 소설로서, 프랑스어로 1946년에 출판되자 Roland de Pury는 "칼빈을 공정하게 다루지 않고 있는 이 책은 지금까지 출판된 역사서 가운데서

스테판 츠바이크

그 어떤 책보다도 철저히 왜곡된 문서"라고 혹평하였다.[46]

"츠바이크는 히틀러 통치하에서 가장 극심하게 저항하던 나라 오스트리아 출신이었으므로 외국인에게 독한 체형을 가했다는 칼빈의 생애에 대해 남달리 증오하게 되었을 것이다. 따라서 자신을 짓밟고 자유와 평화를 빼앗아 가버린 독일의 독재자 히틀러에게서 발견되는 모든 부정적인 모습을 칼빈에 대입시킨 것이며, 근거 없는 황당한 상상을 적어 놓은 것이다.

---

45) 김재성, 501.
46) 김재성, 501. 7)번 주석.

그는 실제로 우울증과 망명생활로 전전하는 동안 이 책과 비슷하게 루터에게 맞선 에라스무스를 높이는 책을 쓴 바 있고, 1942년 부인과 함께 자살하고 말았다."[47]

칼뱅에 대한 왜곡된 선입견은 아무런 역사적 고증이 없음에도 불구하고 츠바이크가 죽은 후 장 쇼레에 의해 발췌, 또다시 '독재자 칼뱅'이라는 무시무시한 헛소문으로 확대 재생산된다. 그러나 칼뱅은 이미 설명했듯이 시민권도 없는 난민으로 거의 일평생을 제네바에서 살았던 사람이라는 점에서 츠바이크의 주장은 일고의 가치조차 없다. 츠바이크가 참고했을 만한 갈리페(J.B.G. Galiffe)에 대해서는 이미 언급했으므로 생략하겠다.

역사적 고증이 부족한 내용들은 한국에서 『기독교 죄악사』(조찬선 저. 평단문화사. 2000), 『문화사』(이혜령 외 4명 저. 한국방송통신대학교. 2004) 등의 책에서도 찾아볼 수 있고 신천지 측 신도들에 의해 네이버, 다음, 유튜브에 자극적인 제목으로 확

---

47) 김재성, 502.

대 재생산되고 있는데 그 원전은 갈리페나 츠바이크에서 비롯된 것이다.

ㄷ. 제롬 볼섹(Jerome Bolsec, 1520~1584)

파리 출신으로서 카르멜회의 수도사였으나 1545년경에 로마교회를 떠나 개신교로 개종했으며 1550년부터 제네바에 정착했다. 칼뱅의 예정론을 비판하며 칼뱅이 말하는 하나님은 위선자이자 거짓말쟁이이고, 범죄자들의 후원자이며, 사탄보다 더 악한 자라고 비난했다. 결국 볼섹은 파리로 추방당한다.[48] 다시 한 번 확인할 수 있는 것은 만일 칼뱅이 제네바의 살인마였다면 그에게 정면으로 대항한 볼섹이 과연 살아서 파리로 갈 수 있었을까 하는 점이다. 칼뱅을 향한 개인적 적개심에 평생 사로잡혀 지내던 볼섹은 1577년에 전체 26개 장을 중상모략하는 내용으로 가득 채운 비방 일색의 칼뱅의 전기 『제네바의 목사 장 칼뱅의 생애, 도덕, 인내, 그리고 죽음의 역사』를 발행한다. 이 책은 다른 사람도 아닌 리용의 대

---

48) 김재성, 389-393 요약.

주교에게 헌정된다.[49]

ㄹ. 미카엘 세르베투스(Michael Servetus, 1511~1553년)와 관련한 이야기들

칼뱅 시대 제네바에서 종교문제로 처형을 당한 사람은 '세르베투스' 한 사람이라는 데는 많은 연구자들이 동의한다. 이제 그와 관련한 이야기를 해야 할 때가 됐다. 세르베투스는 칼뱅의 냉혹함과 독재 권력을 입증하는 사례로 가장 많이 제시되는 인물이다. 사람들은 이 책임을 칼뱅에게 돌린다. 그러나 전술했다시피 볼섹, 카스텔리오는 칼뱅에 대항했고 감정적으로 거의 원수가 된 인물임에도 추방을 당했지 사형을 당하지 않은 것은 오히려 칼뱅이 제네바의 절대 권력자가 아니라는 의미를 내포한다. 그렇다면 세르베투스의 화형은 무슨 연유에서 비롯됐는지를 설명해야 한다.

---

49) Wulfert de Greef, The Writings of John Calvin, Expanded Edition: An Introductory Guide, tr. Lyle D.Bierma(Westminster John Knox Press. 2008), 103에서 장수민, 792, 재인용.

첫째, 교리적으로 세르베투스는 로마 가톨릭과 개신교 모두를 잘못된 것으로 판단하고 정죄한 사람이다.[50]

미카엘 세르베투스

그는 삼위일체 교리를 '머리 셋 달린 케르베투스', '악마의 삼신론', '세 우상을 섬기는 것'으로 표현했다. 독일의 종교개혁가인 오이콜람 파디우스에게 끈질기게 편지를 보내서 자신의 삼위일체론을 설명했다. 그러나 파디우스는 세르베투스를 '삼위일체와 예수의 신성을 부정하는 위험한 인물'이라고 평가했다. 또한 파디우스는 세르베투스에게 '하나님의 아들이 하나님 아버지와 동일하시며 함께 영원하심을 고백하라'고 권고하면서 '그 고백을 하지 않으면 기독교인으로 인정할 수 없다'고 말하지만 죽는 날까지 세르베투스는 이를 거부한다. 세르베투스는 예수가 그리스도이며 하나님의 아들이지만 본질적으로 하나님과 동등한 분은 아니고 인간 예수

---

50) 세르베투스 항목은 필립 샤프, 582-682에서 정요한, 44-70, 재인용 요약.

안에 하나님이 특별하게 내재했으며 그리스도가 높임을 받을 때에 신격화된 것이라고 설명했다. 세르베투스는 기존의 정통에 대해서 그것이 모두 잘못이라 주장하며 오직 자신만이 진정한 기독교를 세울 수 있다고 주장했다. 이외에도 세르베투스는 점성술을 연구하다 파리 의회로부터 경고를 받았다.

둘째, 당시 주요 종교개혁가들은 모두 세르베투스에 대해 분노했다.

츠빙글리와 오이콜람 파디우스는 미리부터 그를 비판했고 루터는 세르베투스의 책을 놓고 '끔찍하게 잘못된 책', 스트라스부르의 부처는 '가장 유해한 책'이라며 심지어는 강단과 강의실에서 세르베투스가 능지처참을 당해야 마땅하다고까지 주장했다. 멜란히톤은 "그는 실로 명석하고 예리하지만 깊이가 없다. 뒤죽박죽된 상상들에 사로잡혀 있고 자신이 논의하고 있는 주제들에 대해서도 무르익지 않았다"(샤프, 614)고 썼다. 칼뱅도 종교개혁자 파렐에게 보낸 편지에서 '세르베투스가 제네바에 오면 살려두지 않겠다'고 했다. 세르베투스도 칼뱅에게 저주를 퍼부었다. "당신이 가진 삼신론적인 관념은 머리가 셋 달린 용의 환영이다. 용의 영, 짐승의 영, 거짓선지자들의 영, 이 세 영들은 어린양 예수 그리스도에 대항하여 전쟁을 부추기고 있다. 그리스도에 대한 당신의 신앙은 거짓이다. 당신은 세례를 통한 중생을 거부하고 사람들이 천국으로 들어가는 문을 막고 있다. 당신들에게 저주, 저주, 저주가 있기를."[51)]

셋째, 로마 가톨릭 국가 프랑스에서도 세르베투스에게 화형을 선고했다.

프랑스에서 한때 의사로 지냈던 세르베투스의 삼위일체론을 문제 삼아 가톨릭 당국은 세르베투스를 수사하고 1553년 4월 4일 체포한다. 이때 세르베투스가 탈옥했음에도 가톨릭은 재판을 계속해 '이단 교리를 퍼뜨리고 왕의 칙령을 어기고 왕의 감옥에서 탈출했다'는 죄목으로 화형 판결을 내린다. 탈옥 후 세르베투스는 제네바로 간다. 지금도 그가 왜 제네바로 갔는지는 미스터리로 남는다. 그곳엔 그가 그토록 증오하고 저주하는 칼뱅이 있는데도 말이다.

---

51) 필립 샤프, 625.

넷째, 세르베투스는 제네바 시의회에 의해 체포됐지만 칼뱅 반대파 시의회 의원들의 측면 지원을 받았다.

그는 생피에르 감옥에 갇혔지만 인간 이하의 학대를 받으며 지낸 게 아니라 자기 돈으로 책을 사보기도 했고 종이와 잉크를 구입해서 글을 쓸 수도 있었다. 칼뱅은 그에게 교부들의 책을 빌려주기도 했다. 제네바 시의회 의원들 중에는 그의 변호인을 자처한 사람도 있다. 그는 칼뱅 학살자설을 주장하는 사람들이 아는 바와는 다르게 고문도 당하지 않았다. 왜냐하면 1553년은 칼뱅의 반대파에 섰던 사람들이 시의회를 장악해 칼뱅과의 대립이 극에 달했던 시절이다. 칼뱅 반대파들은 주로 세르베투스를 지지하는 입장을 취했다. 일설에 따르면 시의회가 세르베투스의 칼뱅 공격을 측면 지원하며 칼뱅을 다시 축출하려 했다는 이야기도 있다. 이미 1539년 칼뱅을 추방한 경험을 가진 시의회이기에 이는 불가능한 이야기도 아니다.

칼뱅은 중요한 죄목을 포함한 38개 항목의 세르베투스 고소장을 작성하는 데 도움을 준다. 세르베투스는 편지를 주고받을 때 칼뱅을 저주했던 것처럼 8월 31일~9월 3일 사이에

- 칼뱅이 제네바의 학살자였다는 신천지 측 주장에 대한 답변

열린 재판에서도 칼뱅을 능욕한다. 칼뱅을 향해 '범죄자, 살인자, 비열한 놈, 거짓말쟁이, 어리석은 난쟁이, 마술사 시몬, 범죄적인 고발자'라고 한다. 9월 22일에는 세르베투스도 칼뱅을 고소하는 내용으로 시의회에 편지를 보낸다. 잘못된 신학을 가르쳐서 개신교 신앙과 제네바 당국을 잘못된 길로 인도했다는 명목이었다.[52] 당시 최고 권력가는 뻬렝. 세르베투스와 칼뱅의 갈등을 그대로 놓칠 리 만무했다. 뻬렝은 세르베투스와 칼뱅의 갈등을 이용, 칼뱅을 정치적으로 무력화할 수 있는 기회로 삼고 싶어 했다.[53]

아마도 세르베투스가 감옥에 있지만 그가 살아 나가는 것은 어쩌면 칼뱅의 인생을 걸고 막아야 할 정치적 이유도 필요했을 것으로 보이는 대목이다. 세르베투스가 방면돼 그를 지지하는 시의회를 등에 업고 칼뱅을 압박할 경우 그는 다시 추방당할 가능성도 없지 않았다. 이것은 칼뱅이 목숨을 바쳐 이뤄 놓은 종교개혁이 뿌리를 내리고 다음 세대까지 성공적으로 안

52) 필립 샤프, 666.
53) 김재성, 401.

착하느냐 아니면 수포로 돌아가느냐의 어쩌면 역사와 자신의 인생을 건 절체절명의 결단과도 무관치 않다.

다섯째, 세르베투스와 관련 제네바가 다른 도시공화국의 의견을 물었을 때 돌아오는 답변은 '제거해 달라'는 동일한 요청이었다.

베른, 취리히, 샤프하우젠, 바젤의 시의회와 목사들의 회신은 한마디로 '이 해악을 제거하라'는 것이었다. 세르베투스가 만일 베른에서 잡혔다면 의심의 여지없이 화형을 당했을 것이라는 의견도 있었다.

여섯째, 1553년 제네바의 근거 법률에 따르면 세르베투스의 사형은 당연한 것이었다.

대한민국 헌법을 따라 법 집행을 하는 게 당연하듯 당시 스위스에서 사용하고 있었던 '유스티니아누스 법전'에는 삼위일체를 부인하는 자들은 사형에 처하라고 규정하고 있었다(유스티니아누스법전 1권1.1, 1권5). 또한 스위스 도시 국가들에 통용되었던 카를 5세의 법률 106조에서도 신성 모독자의 신체,

- 칼뱅이 제네바의 학살자였다는 신천지 측 주장에 대한 답변

생명 혹은 그 일부를 엄하게 처벌하도록 규정하고 있었다. 이는 지금의 관점에서는 이해할 수 없는 일이지만 16세기의 일반적 관점에서는 삼위일체를 '지옥의 문지기 개'라고까지 매도한 세르베투스의 사형은 어쩌면 당연한 일이었다. 따라서 10월 26일 진행한 소의회 재판에서 세르베투스의 화형이 가결된다. 잔혹한 화형 대신 참형을 해달라는 칼뱅의 건의는 묵살당한다.

세르베투스의 화형에서의 칼뱅의 역할과 책임은 많은 사람들이 여러 가지 주장과 의견을 낸다. 그 판단은 각자의 몫일 것이다. 그러나 분명한 것은 "세르베투스 재판에서 칼뱅의 역할은 자문과 조언이었다는 점, 극형을 면해주자는 칼뱅의 건의를 묵살하고 화형을 언도하고 집행한 것은 시의회였다는 점, 그리고 이단자의 화형이 지금의 관점에서는 이해할 수 없는 일이지만 당대에는 법적으로도 사회 통념상으로도 문제가 없는 결정이었다는 점이다." [54]

---

54) 정요한, 65.

종교개혁 역사와 신학 분야 연구의 세계적 석학 빌렘판 엇스페이커르는 "세르베투스가 화형대에서 죽은 것은 칼빈의 권위 탓으로 돌릴 수 없다. 그것은 기독교신앙의 근본과 기독교사회 자체가 공격을 받고 있다는 시정부가 지녔던 생각의 결과였다"[55] 고 평한다.

3. "후대 기독교 역사철학자들은 칼뱅을 '최악의 기독교인'이라 평가하고 있다"는 신천지 측 주장은 사실인가?

신천지의 평가는 완전히 잘못됐다. 칼뱅의 시대뿐 아니라 500년이 지난 지금까지도 칼뱅의 신학과 저작뿐 아니라 그의 올곧은 삶과 경건에 경의를 표하는 사람들이 끊이지 않고 있다.

---

55) 빌렘팟 엇 스페이커르 저, 『칼빈의 생애와 신학』, 박태현역, (서울:부흥과개혁사, 2009), 174.

1) 테오도르 베자(Théodore de Bèze, 1519~1605)

칼뱅의 제자이자 동료이자 후계자이다. 그는 칼뱅이 죽자 '파렌탈리아'(아버지의 장례식에 드리는 글)을 바쳤다.

테오도르 베자

"존경하는 칼빈이 먼지로 돌아가나니 그에게서 덕을 배울지라. 퇴락하는 로마가 가장 두려워할 그가 이제 선인들의 통곡 속에 숨겼도다. 비열한 자들에게 공포의 대상인 그가 너무나도 초라하고 조그만 무덤 속에 누워 있구나. 이름도 쓰이지 않은 채로, 겸손이 항상 칼빈과 함께 있어, 그가 살아 있는 동안 그와 동행하였고, 그가 죽은 지금도 그와 함께 묻혔구나. 이처럼 은혜로운 자가 묻힌 무덤이여, 행복하여라. 그 유해 위를 덮고 있는 대리석이 부럽도다!"[56]

---

56) 필립 샤프, 706.

"지난해 우리는 그를 잃었습니다. 그의 수고를 직접 목격하지 않은 사람들의 입장에서는 교회가 입은 손실이 어느 정도인지를 감히 상상조차 할 수 없을 것입니다. 그가 이루지 못한 것이 무엇입니까? 회의와 강의와 저작에 있어서 어느 누가 그와 견줄 수 있겠습니까? 진정 어느 누가 그보다 더 간결하면서도 확고하게 가르칠 수 있었겠습니까? 그는 기꺼이 어려운 문제를 해결하였고, 부드럽게 위로하였으며 정당하게 잘못을 논박하였던 것입니다. (중략) 칼뱅에게 특별히 감사해야 하는 이유를 깨닫지 못하는 사람은 어떤 판단도 함부로 내리지 않기를 기원합니다." [57]

2) 기욤 파렐(Guillaume Farel, 1489~1565)

개인 저술을 하며 살고 싶어 했던 칼뱅을 설득해 제네바에서 개혁을 시작하도록 자극한 인물이 파렐이다. 그는 불같은 성격으로 유명했다. 그는 칼뱅과 관련하여 다음과 같은 글을 남겼다. "이러한 사람을 만나게 해 주시고 그의 뜻과는 달리

---

57) 장수민, 1168.

그를 제네바에 붙잡아 둘 수 있도록 나에게 넘치도록 은혜를 허락하신 하나님께 감사를 드린다네. 그는 제네바에서 이루 말로 다 표현할 수 없는 사역을 하면서 성과를 거두었다네. (중략) 그는 하나님

기욤 파렐

의 뜻을 바르게 깨닫고는 자신의 의지를 희생하여 우리가 그에게 기대한 것보다 더 많은 일들을 이루었다네."[58]

3) 교황 비오 4세(Pius PP. IV, 1559~1565)

루터보다 칼뱅을 더 위험한 인물로 보며 이단시했던 가톨릭의 교황조차 칼뱅에게 헌사를 바쳤다.

"이 이단자의 장점은 물욕이 전혀 없는 사람이란 것이다. 만약 나에게도 그와 같은 봉사자가 있었다면 나의 지배력이 바

---

58) 장수민, 1165-1166.

다에서 바다 끝까지 미칠 것
이다."[59]

교황 비오 4세

대적자들조차 칼뱅에 대해
'물욕이 전혀 없다'고 평가했
는데, 그가 남긴 재산은 다음
과 같았다.

"1564년 5월 27일 저녁 8시와 9시 사이에, 그는 평화롭게
잠들었다. 칼빈이 노년기에 거의 아들처럼 생각했던 베자는
'그날 해질 무렵, 하나님의 교회를 지도하기 위해 세상에 있
었던 가장 밝은 빛이 하늘로 돌아갔다'고 기록했다. 그의 유
언장에 언급된 전체 유산은 그의 귀중한 책을 다 포함해 이백
에꾸스가 채 안 되는 것이었다. 얼마 되지 않은 재산이지만,
미국 달러로 약 2천 불 정도로 추정되는 유산은 동생 앙트완
과 그의 자녀들에게 물려주었다. 그러나 학교와 가난한 외부
에서 온 사람들을 잊지 않았다. 그의 요청에 따라서 다음 날

---

59) 필립 샤프, 719.

오후 2시, 거창한 장례식도 없이, 비석을 세우거나 화려한 치장이란 전혀 찾아볼 수 없는 공동묘지에 안장되었다. 시민들 전부가 그의 죽음을 애도하였다."[60] 지금도 칼뱅의 무덤은 찾을 수가 없다.

4) 존 녹스(John Knox, 1514~1572)

스코틀랜드의 종교개혁자이자 역사가 존 녹스는 '칼뱅의 제네바'와 관련하여 다음과 같이 평했다.

"제가 아무런 두려움도 부끄러움도 없이 말씀드릴 수 있는 것은 이곳이 '사도시대 이후에 이 땅에 존재했던 가

존 녹스

장 완벽한 그리스도의 학교'라는 것입니다. 다른 곳에서도 그리스도가 참되게 전파되고 있다는 것을 알고 있습니다. 하지

---

60) 김재성, 536-537.

만 저는 생활방식과 종교가 이처럼 진지하게 개혁된 예를 다른 어느 곳에서도 본 적이 없습니다."[61]

5) 발렌티누스 안드레아에(Valentinus Andreae ,1586~1654)

루터파 교회 소속인 안드레아에는 칼뱅 사후 50년이 지난 1610년 제네바를 방문한 후 이렇게 글을 남겼다.

발렌티누스 안드레아에

"제네바에 있을 때 나는 살아 있는 한 기억하고 갈망할 어떤 위대한 것을 목격하였다. 그곳에는 완전한 공화국의 제도만이 아닌 보다 특별한 것이 있었는데 바로 도덕적인 치리였다. (중략) 일체의 저주나 맹세, 도박, 사치, 분쟁, 증오, 사기 등이 금지되었는데 이보다 더 큰 죄에 대해서는 들어보지도 못했다. (중략) 만약 신앙의

---

61) 필립 샤프, 443에서 정요한, 41 재인용.

차이만 없었다면 이들의 도덕에 동감하여 이곳에 영원히 눌러앉았을 것이다. (중략) 내가 머물렀던 집 주인인 스카론 씨가 지키고 있었던 가정 내에서의 규율들이었다. 그는 매일 묵상의 시간을 가졌고, 성경을 읽었고, 그 말과 행동에 하나님을 향한 경외심이 충만했으며, 먹고 마시고 입는 일에 절제했다. 나는 내 아버지의 집에서도 이처럼 대단한 도덕적인 순결함을 찾아보지 못하였다."[62]

6) 필립 샤프(Philip Schaff, 1819~1893)

교회사가인 필립 샤프는 자신의 글 『스위스 종교개혁-교회사 전집 8권』에서 다음과 같이 썼다.

"전체적으로 보아서 역사의 평가는 점차적으로 그의 편이 되고 있다. 그는 알면 알수록 더 인정을 받는 사람이다. 그를 가장 잘 아는 사람이 그를 가장 높이 평가하고 있다. 그의 사역들이 맺은 열매는 풍성하고, 특별히 영어권에서 그러하며,

---

62) 필립 샤프, 446.

이것이 그의 가장 고상한 업
적이 되고 있다. 칼빈을 중상
하는 볼섹의 비난은 비록 오
댕(Audin)에 의해 좀 더 약하
게 되풀이 되었으나 더 이상
사실로 믿어지지 않는다. 모
든 객관적인 저술가들은 그가
비록 성자는 아니었지만, 순
수하고 고결한 성품의 소유자
였으며, 소유욕과 악평으로
부터 완전히 자유로운 사람이
었다고 쓰고 있다. 저명한 프
랑스의 한 회의적인 역사가조
차도 그를 '가장 기독교적인

필립 샤프

필립 샤프의 『교회사』

인물'이라고 말하고 있다. 유능한 심판관들에게 이와 같은 찬
양과 존경을 받은 이는 그동안 하나님의 교회에 나타난 위대
한 지도자들 가운데서도 드물다."[63]

---

63) 필립 샤프, 258.

7) 막스 베버(Max Weber, 1864~1920)

독일의 사회학자 막스 베버 (M. Weber)는 칼뱅주의 윤리 가 자본주의 발전에 공헌했음 을 주장했고, 루터가 모든 직 업을 소명으로 봄으로써 세속 적 의무의 수행이 하나님으로 부터 부여된 사명이라 보았음 을 지적한다. 그리고 루터는

막스 베버

이 새로운 직업 관념에 숨은 경제적 가능성을 발전시키지 못 하고, 기존 신분질서를 유지하고, 경제적 전통주의로 복귀했 으나, 칼뱅은 이를 탈피하여 근대적 직업 관념을 발전시키고, 자기 직업에 충실한 것이 하나님께 충실한 것이라는 소명론 을 발전시켰다. 칼뱅주의의 직업관과 예정론이 근면하고 검소 하고 절약하는 인간형을 형성했고 그런 사람들에 의해 자본이 축적되고 자본주의가 발달했다고 주장했다.[64]

---

64) 김홍섭, 『존 칼빈의 경제, 경영 사상과 현대적 적용에 대한 연구』, (한국항만경

8) 알리스터 맥그라스(Alister McGrath, 1953~)

북아일랜드의 성공회 사제이자 기독교 신학자이다.

"칼뱅은 행동파라기보다는 사상가라 할 수 있는데, 그의 사상은 오늘날에 이르기까지 되짚어 볼 것이 많은 사상의 보고로 남아 있다."[65]

알리스터 맥그라스

칼뱅은 '제네바의 학살자나 살인마'라는 나치 선동적인 문장 하나로 평가할 수 없는 사람이다. 그는 사람들이 인정하든 안 하든 세계사에 중요한 발전과 변화를 가져왔으며, 칼뱅의 사상은 당시대에 중요한 변화와 개혁을 일으켰으며, 오늘도 중요한 이정표를 제시하고 있다. 물론 그가 살던 16세기와 우

제학회지, 제31집 제1호, 2015), 150.

65) 알리스터 맥그라스 저, 신재구 역, 위대한 기독교사상가 10인, (서울:IVP, 1992), 123.

리가 살고 있는 21세기는 많은 차이가 있다. 그럼에도 불구하고 성경에 기초한 그의 사랑과 정의와 공평의 원리와 사상은 오늘날에도 여전히 많은 영향을 미치고 있다. 칼뱅의 사상은 많은 사상가들에 의해 연구되어왔고 특히 네덜

아브라함 카이퍼

란드의 수상이자 목회자인 아브라함 카이퍼(A. Kuyper)등에 의해 주도되는 신칼뱅주의(Neocalvinism)로 영역을 확장해오고 있다. 특히 카이퍼의 영역주권(Sphere Sovereignty)사상으로 발전하여 신학분야뿐 아니라 그리스도인들이 시민사회 모든 영역에서 하나님 나라를 임하게 하자는 사상적 토대를 제시했다. 칼뱅이 당시대뿐 아니라 시대를 뛰어넘어 얼마나 많은 영향을 미쳤는지는 언급하기조차 힘들 정도다. 따라서 한국의 장로교에서나 뛰어난 신학자로 여겨지고 세계적 역사가들에게서는 '최악의 기독교인'으로 여겨지고 있다는 신천지 측의 주장은 가짜 선동일 뿐이다.

마치는 글

오늘날 많은 그리스도인들은 정보의 홍수 속에 살고 있다. 그런데 '홍수에 마실 물 없다'는 말처럼 검색 단어 하나로 수백수천 가지의 정보를 얻어 낼 수 있는 시대에는 오히려 유익하고 건강한 정보를 찾는 것 또한 쉽지 않고 옥석을 가리는 것조차 쉽지 않다. 문제는 여기서 온다. 너무 많은 정보를 일순간에 얻을 수 있다는 문제점 때문에 인터넷 정보들, 특히 유튜브 영상들은 갈수록 자극적이 되고 있다.

'칼뱅 제네바 학살자설'도 그와 같다. 수백수천의 칼뱅 관련 자료와 정보가 인터넷에 떠도 저 문장처럼 자극적이고 눈길을 끄는 문장을 찾을 수 있을까? 없다! 이는 '선동은 한 문장으로도 가능하지만, 그것을 반박하려면 수십 장의 문서와 증거가 필요하다. 그리고 그것을 반박하려고 할 때에는 사람들은 이미 선동되어 있다'는 말처럼 칼뱅을 제네바의 히틀러 같은 살인마로 만들려는 선동에 불과한 것이다. 지금 많은 이들이 이런 선동에 휘둘리고 있다. 그리고 신천지 측은 미디어와 유튜브 채널을 동원해 거짓 선동의 확대 재생산에 나서고 있다. 거기에 수십만여 명의 신도들이 선동의 불에 기름을 붓고 있다는 것은 불문가지의 일이다.

"악화가 양화를 구축한다"는 그레샴의 법칙처럼, 사람들은 신천지 측의 밀어붙이기식 '칼뱅이 제네바의 살인마였다'더라는 '카더라' 통신을 더욱 핵심적 메시지로 받아들이고 이를 정보 시장에 유통하는 걸 더욱 원하고 있을지도 모르는 일이다. 그럼에도 한국교회는 신천지 측의 칼뱅과 관련한 흑색선전에 대해 꾸준히 반박하고 모순과 가짜 뉴스를 지적하는 것을 멈춰서는 안 된다. 그 이면의 악한 의도 또한 알리지 않으면 안 된다. 신천지 측이 퍼뜨리는 '칼뱅 제네바 학살자설'은 칼뱅 비난에만 목적이 있지 않다. 사실 그 목적은 칼뱅신학을 기초로 세워지거나 적잖은 영향을 받은 개신교 전체에 대한 불신과 악마성을 시민사회에 심어 기독교 자체에 대한 혐오와 반감으로 이어지게 하려는 악한 의도에서 비롯된 것이기 때문이다.

역사에 관해서 논쟁하려면 몇 가지 바른 전제를 갖고 있어야 한다. 가장 중요한 전제는 우리는 모두 '시대의 자녀들'이라는 점이다. 따라서 역사를 바라볼 때 이 시대의 관점이 아니라 '그 시대의 관점'으로 칼뱅을 보고 평가해야 한다는 중요한 전제를 잊어서는 안 된다. 역사가 필립 샤프가 **"우리는 그를 그 자신의 시대 기준에 따라 판단해야지, 우리 시대의 기준으로 판단해서는 안 된다"** [66] 라고 말한 것을 기억해야 한다. 이 전제를 갖고 칼뱅에 대한 논의를 시작한다면 신천지 측의 '칼뱅 학살자설'은 힘을 잃고 말 것이다. 더불어 특정 사안에 대해 다양한 1차 자료와 객관적이고 신뢰도 높은 자료를 통해 종합적 사고로 판단해야 한다. 르박의 예에서 봤듯이 신천지 측은 결과적으로 '칼뱅'을 저격하기 위해 원문을 왜곡해서 사용했다. 신천지 측이 나치적 선동을 위해 수단 방법을 가리지

---

66) 필립 샤프, 425.

않는다는 의심을 살 수 있는 대목이다. 이를 파쇄하려면 칼뱅 시대에 대한 역사적 관점과 더불어 1차 자료에 대한 면밀하고 정직한 검토가 필수적이다.

지금까지 필자의 부족한 작업으로나마 신천지 측을 비롯한 칼뱅 혐오 세력들은 물론 '칼뱅 살인마설'과 관련한 선입견과 오해들이 조금이라도 풀렸으면 좋겠다. 이와 더불어 한 시대를 살며 그가 목숨을 걸고 바쳐온 '오직 하나님께 영광'이라는 신앙적 보화와 보물들과 생수를 들이켜는 데 조금의 망설임도 없었으면 좋겠다.

마지막으로 칼뱅이, 그를 추방하려고 했던 반대파들이 1547년 12월 16일 결집한 시의회에 생명의 위협을 무릅쓰고 아무런 무장을 하지 않은 채로 칼을 든 군중들 가운데 서 있었던 일을 기록으로 남기고 싶다. 그의 가슴에 시퍼런 도검들이 꽂힐 수 있는 절체절명의 상황이었다. 일개 난민으로 제네바에 들어왔던 칼뱅의 근검·검소·절약·경건의 신앙에 염증을 느낀 시의회 의원들의 불만이 최고조에 달할 때였다. 시의회가 열린 날, 칼뱅은 무장도 하지 않은 채 수행원도 없이 그곳을 찾아간다.

"200인 의회가 소집되었다. 이보다 더 소란스러운 회의는 일찍이 없었다. 말로 하는데 지친 각 당파들은 이젠 무력으로 호소하기 시작했다. (중략) 수행원도 없이 칼뱅이 나타났는데 그가 회의장 입구에 들어서자 사람들은 그를 죽이라고 소리쳤다. 그는 팔짱을 끼고 선동자들의 얼굴을 뚫어지게 응시했다. 아무도 감히 그에게 달려들지 못했다. 그러나 그는 가슴을 열어젖힌 채 군중들 사이를 뚫고 나아가서 '당신들이 피를 원한다면 여기 몇 방울의 피가 있으니 먼저 쳐라'고 말하였다. 누구도 팔을 치켜드는 자가 없었다. 칼뱅은 천천히 계단을 올라가서 200인 의회장으로 갔다. 회의장은 피로 물들 찰나에 있었고 칼이 번쩍이고 있었다. 개혁자의 모습을 보고서 사람들은 무기를 내려놓았고 몇 마디 말로도 소동을 잠재우기에 충분하였다. 칼뱅은 의원 한 사람의 팔을 붙잡고 다시 계단을 내려가면서 사람들에게 말할 것이 있다고 소리쳤다. 그가 열정과 감동에 차서 말을 하자 사람들은 눈물을 흘렸다. 사람들은

- 칼뱅이 제네바의 학살자였다는 신천지 측 주장에 대한 답변

얼싸안았고, 조용히 물러갔다." [67]

샤프는 이것은 격정에 대한 이성의 장대한 승리이자, 물리적인 폭력에 대한 도덕적인 힘의 승리였다고 평했다. 16세기 광풍의 시대 칼뱅이 이토록 뜨겁게 산 이유는 무엇이었을까? "주님께 나의 심장을 드리나이다. 즉시 그리고 신실하게!"(1541년 제네바로 복귀하기 원하는 동지 파렐에게 보내는 편지 가운데 나오는 고백)라는 심정으로 살았기 때문이다. 칼뱅에 대한 혐오가 500년 전이나 지금이나 아무리 계속돼도 칼뱅에 대한 존경과 찬사가 끊이지 않는 이유다.

칼뱅을 가볍게 혐오하고 폄훼하며 비난하고 조롱하는 그대에게 묻는다. 당신은 단 한 번이라도 "주님께 나의 심장을 드리나이다. 즉시 그리고 신실하게!"라는 칼뱅과 같은 심정으로, 진실하게, 물욕 없이 하나님의 영광을 위해 살아본 적이 있는가?

---

67) 필립 샤프, 437.

참고자료

도서

김재성.『칼빈의 삶과 종교개혁』. (서울:이레서원), 2001.

브라이언 르박 저.『유럽의 마녀사냥』. 김동순 역. (서울: 소나무),
2003.

브루스 고든.『칼빈』. 이재근 역. (서울: IVP), 2018.

빌렘팟 엇 스페이커르 저.『칼빈의 생애와 신학』. 박태현 역. (서울:
부흥과개혁사), 2009.

윌리엄 몬터 저.『칼빈의 제네바』. 신복윤 역. (경기도: 합신대학원
출판부), 2015.

알리스터 맥그라스 저.『위대한 기독교사상가 10인』. 신재구 역. (서
울:IVP), 1992.

임종구. 『칼빈과 제네바목사회』. (서울: 부흥과개혁사), 2015.

장수민. 『존 칼빈 신학과 목회』. (서울: 칼빈아카데미), 2010.

정요한. 『칼뱅은 정말 제네바의 학살자인가?』. (서울: 세움북스), 2018.

필립 샤프 저. 『스위스 종교개혁-교회사 전집 8권』. 박경수 역. (경기도: CH북스), 2004.

논문·기사·자료

김홍섭. "존 칼빈의 경제, 경영 사상과 현대적 적용에 대한 연구", (한국항만경제학회지, 제31집 제1호), 2015.

스위스 관광청 '스위스 역사 참고' https://www.myswitzerland.com/ko/planning/about-switzerland/history-of-switzerland/conflict-and-religious-wars/, 2021.08.30. 검색

아이선배, "기독교인이 알면 까무러칠 영상", 2009.06.13. https://www.youtube.com/watch?v=mnI_CX4vNx4,

2021.08.30. 검색

엄기남, "칼빈 탄생 500주년, 위대한 신학자·살인자 논란", 오마이

　　뉴스, 2009.06.16. http://www.ohmynews.com/NWS_

　　Web/View/at_pg.aspx?CNTN_CD=A0001157607,

　　2021.08.30. 검색

이지솔, [기획-기독교역사⑤장로교], 천지일보, 2020.03.01.

　　http://www.newscj.com/news/articleView.htm-

　　l?idxno=713482, 2021.08.30. 검색

이철희, [책갈피 속의 오늘]1553년 개신교 첫 '종교적 살인',

　　2009.09.24. https://www.donga.com/news/article/

　　all/20080813/8616179/1, 2021.08.30. 검색

HMBC, "예수교와 칼빈교, 그 진실은 무엇인가?", 2012.08.06.

　　https://www.youtube.com/watch?v=0kOaFq0DGM0,

　　2021.08.30. 검색

사진 출처

31페이지 칼빈 시대의 제네바 전경 사진: 개혁주의 학술원 (https://www.kirs.kr)

63페이지 필립 샤프의 『교회사』 사진 : 아마존 (https://www.amazon.com/History-Christian-Church-8-vols/dp/156563196X)

※ 본문에 별도로 저작권 및 출처를 표기하지 않은 사진은 모두 위키피디아(wikipedia) 퍼블릭 도메인 사진이다.